Alexandra und Jobst Schlennstedt

111 Orte in Lübeck, die man gesehen haben muss

111

emons:

Bibliografische Information der Deutschen Nationalbibliothek
Die Deutsche Nationalbibliothek verzeichnet diese Publikation in der Deutschen Nationalbibliografie; detaillierte bibliografische Daten sind im Internet über http://dnb.d-nb.de abrufbar.

Gestaltung: Eva Kraskes, nach einem Konzept
von Lübbeke | Naumann | Thoben
Kartografie: altancicek.design, www.altancicek.de
Kartenbasisinformationen aus Openstreetmap,

Druck und Bindung: Grafisches Centrum Cuno, Calbe
Printed in Germany 2015
ISBN 978-3-95451-564-6
Originalausgabe

Vorwort

Vor über zehn Jahren hat es uns aus der Mitte und dem Süden Deutschlands nach Lübeck verschlagen. Die ursprünglich geplanten fünf Jahre haben wir damit verdoppelt, und es werden sicherlich noch viele mehr werden. Denn die Schönheit dieser Stadt, die trotz ihrer überschaubaren Größe eine unglaubliche Vielfalt an Kultur, historischen Bauwerken und Naturschönheiten bietet, hat uns verzaubert.

Mittlerweile schreiben wir seit mehreren Jahren Entdeckungsführer in der 111-Orte-Reihe und haben uns bislang auf Küstenabschnitte und Regionen konzentriert. Im Hinterkopf hatten wir jedoch von Beginn an die Idee, einen Band einzig und allein unserer Stadt zu widmen. Nun haben wir endlich die Herausforderung angenommen, 111 Orte innerhalb der Lübecker Stadtgrenzen zu finden. Den ganzen Sommer über sind wir durch die Hansestadt gestreift, haben mehr als 6.000 Fotos gemacht und viele Gespräche geführt. Wir haben berühmte Sehenswürdigkeiten aus neuen Blickwinkeln betrachtet. Und so manchen Ort entdeckt, den wir bislang nicht kannten.

Selbstverständlich sind nicht alle Orte in diesem Buch Geheimtipps. Aber sie erzählen meist eine Geschichte, die vielleicht doch nicht jeder kennt. Wir haben mit unseren 111 Orten versucht, die eingangs genannte Vielfalt der Stadt abzubilden. Und eine Auswahl getroffen, die Bewohner und Besucher gleichermaßen ansprechen soll.

Nach Fertigstellung des Buches können wir voller Überzeugung sagen: Hier ist es wunderschön. Hier bleiben wir. Vielleicht geht es Ihnen beim Lesen und Entdecken ja genauso. Viel Spaß dabei!

111 Orte

1_Das Gut Padelügge

Geburtsstätte einer Familienstiftung

Wohl jeder Lübecker kennt das Einkaufs- und Gewerbegebiet am Herrenholz. Doch nur wenige wissen, dass direkt hinter den Parkplätzen der Einkaufszentren eine Straße abzweigt, deren Name eine ländliche Idylle verspricht: Bei den Obstgärten. Und die findet man auch, wenn man ihr folgt. Nicht die Obstgärten, aber eine Idylle, die so gar nicht zum Umfeld im Gewerbegebiet passt. Nachdem man ein paar reetgedeckte Bauernhäuser passiert hat, gelangt man zur ehemaligen Hofanlage des Gutes Padelügge. Heute handelt es sich bei dem Gut weder um ein herrschaftliches Anwesen noch um einen landwirtschaftlichen Betrieb. Stattdessen befindet sich an dieser Stelle der Sitz der Parcham'schen Stiftung – ein Ort, der ganz viel über die Geschichte Lübecks erzählt.

Schließlich war der Kaufmann und Ratsherr Henning Parcham nicht der einzige wohlhabende Lübecker, der sein Vermögen per Testament in eine Stiftung umwandelte. Da es in der Hansestadt im Mittelalter viele reiche Kaufleute gab, die sich durch das gemeinnützige Verteilen ihres Geldes ihr Seelenheil sichern wollten, hat sich hier seinerzeit eine ausgeprägte Stiftungskultur entwickelt. Und auch noch im 20. Jahrhundert wurden in Lübeck bedeutende Stiftungen, wie die von Possehl und Dräger, gegründet, die noch heute entscheidenden Anteil am Erhalt der historischen Bausubstanz und des kulturellen Lebens der Stadt haben.

Der 1602 kinderlos verstorbene Henning Parcham hatte mit der Umwandlung des Gutes in eine Stiftung keine gemeinnützigen Zwecke im Sinn, sondern wollte bedürftige Nachfahren seiner Eltern mit Stipendien und Aussteuern unterstützen. Zwischenzeitlich wurden die Stiftungszwecke mehrfach erweitert. So werden nun auch Stipendien an Studenten vergeben, die gebürtige Lübecker sind. Es wurden Wohnheime und Gemeinschaftseinrichtungen für Lübecker Studenten errichtet und ein Lehrstuhl an der Uni Lübeck gefördert.

Adresse Bei den Obstgärten 12, 23556 Lübeck, www.parchamsche-stiftung.de | **ÖPNV** Bus 12, 21, Haltestelle Lübecker Nachrichten/Eichenallee | **Tipp** Von Padelügge aus bietet sich ein naturkundlicher Spaziergang durch das angrenzende Lustholz, vorbei am Herrenteich, an.

2 Der Hudekamp

Eine gescheiterte Idee

Keiner anderen Straße in Lübeck eilt ihr Ruf derart voraus wie dem Hudekamp. Weit über die Stadtgrenzen hinaus hat sich das Bild vom sozialen Brennpunkt in heruntergekommenen Hochhäusern seit Jahrzehnten gefestigt.

Doch das stimmt nur zum Teil. Denn in Wirklichkeit ist der Hudekamp sehr gegensätzlich geprägt. An der Westseite der rund 350 Meter langen Straße erheben sich die besagten bis zu 14-geschossigen Gebäude. Ihnen gegenüber reihen sich jedoch unerwarteterweise gediegene Doppelhäuser aneinander.

Eine gutbürgerliche Wohngegend, das war es auch, was die Planer im Sinn hatten, als sie in den 60er und 70er Jahren den Stadtteil Buntekuh bebauen ließen. Nach dem Vorbild der »Charta von Athen«, die im Jahr 1933 auf einem internationalen Kongress von Stadtplanern und Architekten entwickelt worden war, sollte die neue Siedlung in ihren Funktionen klar gegliedert sein. Um ein Zentrum, in dem sich Versorgungs- und kulturelle Angebote verdichteten, erstreckte sich ein Gürtel reiner Wohnbebauung, gefolgt von Gewerbegebieten zum Arbeiten und Sportstätten zur Erholung. Die Wohnbebauung erfolgte so, dass sie unterschiedlichen Bedürfnissen und Ansprüchen gerecht werden sollte. Somit war von ein- bis zweigeschossigen Häusern bis zu den großen Wohnblocks alles dabei. Letztere wurden errichtet, um zwischen den Gebäuden ausreichend Platz für Licht, Luft und Grün zu lassen und damit die Wohnqualität erhöhen zu können.

Doch die Rechnung ging nicht auf. Wenn über 100 Menschen sich den Gebäudeflur und den Fahrstuhl teilen, hat keiner ein Verantwortungsgefühl für die Gemeinschaftsflächen. Vandalismus macht sich breit. Die Abwärtsspirale beginnt nach kürzester Zeit. Nur eine vollständige Videoüberwachung konnte Abhilfe schaffen, wie ein preisgekrönter Dokumentarfilm aus dem Jahr 2013 zeigt, der intensive Einblicke in die ganz eigene Welt des Hudekamp gewährt.

Adresse Hudekamp, 23558 Lübeck | **ÖPNV** Bus 6, 12, 21, Haltestelle Hudekamp | **Tipp** Nicht weit vom Hudekamp liegt das Rider's Café (Leinweberstraße 4). Ein legendärer Musikclub, nicht nur für Harley-Fahrer.

3 Das Buddenbrookhaus

Der begehbare Roman

Das Haus in der Mengstraße 4 mit dem Rokoko-Giebel und der reich verzierten Fassade beherbergt viel mehr als ein Museum. Es ist ein begehbarer Roman. Zumindest in der Beletage. Und es ist selbstverständlich dem Roman gewidmet, dessen Namen es trägt und der zu weiten Teilen in diesem Haus verortet ist: den Buddenbrooks, dem Jahrhundertroman von Thomas Mann, für den er 1929 mit dem Nobelpreis für Literatur ausgezeichnet wurde.

Das Buddenbrookhaus wurde Mitte des 18. Jahrhunderts erbaut und später im klassizistischen Stil renoviert und erweitert. 1842 erwarben die Großeltern Thomas Manns das Haus, das bis 1891 im Familienbesitz blieb. Für den Schriftsteller war es wie ein zweites Zuhause.

1993 wurde hier das Heinrich-und-Thomas-Mann-Zentrum eröffnet – mit Ausstellungen, Lesungen, Workshops und Tagungen. Nach einer umfassenden Neugestaltung anlässlich der Expo 2000 wurde im Obergeschoss die Dauerausstellung »Buddenbrooks – ein Jahrhundertroman« eröffnet. Eine multimediale Ausstellung führt in den Roman ein und stellt weitere Werke vor, die ihn beeinflusst haben. Von besonderem Reiz sind aber das »Götterzimmer« und der »Speisesaal«, denn sie sind exakt den Darstellungen des Romans nachempfunden. Die weißen Tücher über den Stühlen symbolisieren den bevorstehenden Verkauf, nachdem die Konsulin verstorben ist. Sie werden nur einmal im Jahr abgehängt, wenn die Räumlichkeiten im Glanz des Buddenbrook'schen Weihnachtsfestes erstrahlen.

Mag sein, dass die Zimmer, als die Familie Mann sie bewohnte, bereits ziemlich ähnlich ausgesehen haben. Dennoch musste bei der Ausstattung der Räume, in denen auch einige Originalexponate aus dem Familienbesitz der Manns ausgestellt sind, bei null begonnen werden. Denn dem Inferno der Palmsonntagnacht 1942 fiel auch die Mengstraße 4 zum Opfer: Es blieb nur noch die Fassade des Hauses stehen.

Adresse Mengstraße 4, 23552 Lübeck, www.buddenbrookhaus.de | **ÖPNV** Bus 4, 10, 11, 21, 31, 39, Haltestelle Schüsselbuden oder Fleischhauerstraße | **Öffnungszeiten** Jan.–März Mo–So 11–17 Uhr, April–Dez. Mo–So 10–18 Uhr | **Tipp** In der Nachbarschaft befindet sich mit Schmidt-Römhild (Mengstraße 16) das älteste Verlags- und Druckhaus Deutschlands.

4 Die Bürgermeistergalerie

Blicke, die einen verfolgen

Angesichts der heutigen Konstellation im Rathaus der Hansestadt Lübeck wird sich manch einer wohl nur schwer vorstellen können, dass es vor dem amtierenden Stadtoberhaupt schon weitere Bürgermeister gegeben hat. Doch es gab sie. Und zwar so viele, dass an den Wänden des Rathauses gerade einmal Platz für 65 Gemälde der 227 Lübecker Bürgermeister ist, die es seit der zweiten Hälfte des 12. Jahrhunderts gab.

Die restlichen Bilder finden sich verteilt in verschiedenen Museen auf der Lübecker Altstadtinsel.

Das im Jahr 1308 fertiggestellte Rathaus, wo 1673 zum ersten Mal die Lübecker Kaufmannschaft zusammensaß, ist auch heute noch Tagungsort der Bürgerschaft. Doch während die Bürgermeister vergangener Jahrhunderte den Posten als Regierungschef des Stadtstaates Lübeck innehatten, wandelte sich ihre Position im Zuge des Groß-Hamburg-Gesetzes 1937 zum Leiter der Stadtverwaltung. Den Vorsitz der Bürgerschaft und damit das höchste repräsentative Amt hat seit 1950 der Stadtpräsident inne. Doch für beide Posten gilt: Sie sind nicht mehr das, was sie einmal waren. Denn schließlich gehörten die Lübecker Bürgermeister im Spätmittelalter zu den mächtigsten Politikern im Ostseeraum. Ihr Einfluss reduzierte sich erst mit der Auflösung der Hanse. Geblieben ist die eindrucksvolle mittelalterliche Architektur, die die einstige Bedeutung des Lübecker Rathauses widerspiegelt.

Um noch mehr über die Historie des Gebäudes und seine kleinen Besonderheiten zu erfahren, empfiehlt sich eine Rathausführung, die mehrmals täglich angeboten wird. Sie führt auch zur Ahnengalerie der Bürgermeister, die aus den Gemälden heraus den Besucher mit den Augen zu verfolgen scheinen. Und sie offenbart kleine Geheimnisse, wie zum Beispiel den Grund, warum manche Stadtoberhäupter mit etwas kurios wirkenden Gegenständen in der Hand abgebildet sind.

Adresse Breite Straße 62, 23552 Lübeck, www.luebeck.de | **ÖPNV** Bus 1, 2, 5, 6, 7, 9, 15, 16, Haltestelle Kohlmarkt; Bus 5, 10, 11, 21, 31, 39, Haltestelle Wahmstraße; Bus 1, 2, 4, 6, 7, 9, 15, 16, 17, Haltestelle Sandstraße | **Öffnungszeiten** Führungen Mo–Fr 11, 12, 15 Uhr, Sa 13.30 Uhr | **Tipp** Im angrenzenden, hübsch sanierten Kanzleigebäude befinden sich nette Souvenirläden und ein Café.

5_Buthmanns Bierstuben

Tradition verpflichtet

Eine kleine Kneipe inmitten der Lübecker Altstadt, in der fast alles noch so ist wie vor rund 100 Jahren. Dunkle Holzverkleidungen an den Wänden und am Tresen. Mit Leder bezogene Sitzbänke und alte Bilder an den Wänden. Eine Kneipe, in der noch geraucht werden darf, in der aber keine laute Musik gespielt wird. In der am Tresen keine Sitzplätze sind, sondern Gäste, die allein kommen, gemeinsam mit anderen am Tisch sitzen. Also die besten Voraussetzungen, um miteinander ins Gespräch zu kommen. Wer ins Buthmanns kommt, findet schnell Gesellschaft.

Das sind nur ein paar der Gründe, warum die Bierstuben schon immer so beliebt waren und sind – bei ganz einfachen Leuten, aber auch bei Politikern, Kunstschaffenden und Literaten. Sogar in Thomas Manns »Buddenbrooks« soll die Kneipe erwähnt worden sein. Kein Wunder, schließlich besuchte der Schriftsteller als Schüler das benachbarte Katharineum.

Auch der ehemalige Ministerpräsident Björn Engholm ist seit mehr als 50 Jahren gerne zu Gast – wegen der Zigaretten und der netten Leute. Welche lokalen und überregionalen Persönlichkeiten sich hier schon die Klinke in die Hand gegeben haben, kann man der Bildergalerie entnehmen, die ansonsten hauptsächlich historische Aufnahmen von Lübeck zeigt.

Die erste schriftliche Erwähnung des sogenannten Krugrechts für das Haus stammt aus dem Jahr 1697. Daher bezeichnet sich das Buthmanns als die älteste Bierstube Lübecks und die zweitälteste gastronomische Einrichtung nach der Schiffergesellschaft. 1898 übernahm Georg Heinrich Buthmann das Lokal und gab ihm seinen Namen. Dieser langjährigen Tradition fühlen sich die Betreiber noch heute verpflichtet, weswegen das Interieur kaum verändert, sondern lediglich restauriert wurde. Und auch auf der Karte bleibt sich das Buthmanns seit vielen Jahren treu: Soleier, vier verschiedene Biersorten und kein Schnickschnack.

Adresse Glockengießerstraße 3–5, 23552 Lübeck, www.buthmannsbierstuben.de | **ÖPNV** Bus 4, 10, 11, 21, 31, 39, Haltestelle Katharineum | **Öffnungszeiten** Mo–Do 12–24 Uhr, Fr und Sa 12–1 Uhr | **Tipp** Direkt gegenüber befindet sich die Museumskirche St. Katharinen, die einzige erhaltene Klosterkirche Lübecks.

6 Das Dielenhaus

Ein vor dem Verfall geretteter Schatz

Die Fleischhauerstraße 79. Mit Backsteinfassade, Renaissance-Treppengiebel, Seitenflügel und natürlich der eindrucksvollen hohen Diele, die einst als Verkaufs- oder Geschäftsraum diente. Ein historisches Dielenhaus wie aus dem Bilderbuch. Und dazu auch noch wunderschön herausgeputzt und saniert. Dass das Haus heute in solchem Glanz erstrahlt, ist einem glücklichen Zufall und sehr viel Mut zu verdanken.

Bis 2006 war das Gebäude aus dem 15. und 16. Jahrhundert, dessen Kern auf das 13. Jahrhundert zurückgeht, jahrzehntelang zusehends dem Verfall preisgegeben. Feuchteschäden im Haus, Efeu an der Fassade, der Garten ein Urwald. Die Architekten Nicola Petereit und Jörg Haufe, die selbst in der Fleischhauerstraße wohnen, konnten sich das Elend nicht mehr länger ansehen. Gemeinsam mit Ulrich Büning, dem ebenfalls der Erhalt historischer Bausubstanz am Herzen liegt, wollten Sie sich der »Fleischhauer-79« annehmen. Als sie im Frühjahr 2006 zufällig an die Adresse des Eigentümers gelangt, dauerte es gerade einmal zwei Wochen. Dann waren die drei stolze Besitzer des Dielenhauses.

Vier Jahre lang wurde gezimmert, getischlert, restauriert, gewerkelt. Das alte Gebäude wurde energetisch optimiert und mit einer Erdwärmepumpe ausgestattet. Und vor allen Dingen: der Öffentlichkeit zugänglich gemacht. Wenn das Wetter es zulässt und jemand im Haus ist, steht die Türe offen. Man kann sich umsehen und etwas über die Geschichte des Hauses erfahren, das im 15. Jahrhundert wie fast die gesamte Straße von Fleischhauern genutzt wurde. Noch bis 1901 lebte und arbeitete in diesem Haus ein Schlachtermeister, wie die Haken an der Kellerdecke noch heute beweisen. Man kann das Dielenhaus aber auch buchen und in der schönen Diele eine Privatfeier mit besonderem Ambiente ausrichten. Oder man mietet für den Urlaub die geschmackvoll ausgestattete Ferienwohnung im Obergeschoss.

Adresse Fleischhauerstraße 79, 23552 Lübeck, www.dielenhaus.de | **ÖPNV** Bus 4, 10, 11, 21, 31, 39, Haltestelle Fleischhauerstraße | **Öffnungszeiten** unregelmäßig, Anfrage über info@dielenhaus.de | **Tipp** Direkt neben dem Dielenhaus befindet sich ebenfalls ein historisches Backsteinhaus mit Treppengiebel. Es wird als Kneipenrestaurant genutzt und kann somit auch von innen besichtigt werden.

7 Das Freibackhaus

Nur das volle Korn

Es gibt nur wenige Unternehmer, die ihre Philosophie so konsequent umsetzen wie Sylvia und Carsten-Peter Schwartz. Als sie 1987 das Freibackhaus eröffneten, wollten sie handwerklich und traditionell gebackene Vollkornwaren verkaufen, frei von den sich immer weiter verbreitenden Backmischungen und künstlichen Zusätzen. Für dieses Vorhaben wählten sie einen denkbar passenden Ort. Denn das denkmalgeschützte Haus in der Glockengießerstraße 42 wurde bereits seit dem Jahr 1293 nachweislich als Backstube genutzt. An eine solch historische Tradition knüpften sie auch bei der Namenswahl der Bäckerei an: Im 16. Jahrhundert setzte der Rat der Stadt vier sogenannte Freibäcker ein, deren Backwaren von besonders hoher Qualität waren. Dies geschah als Reaktion auf Beschwerden, die über die anderen Lübecker Bäcker vorgetragen wurden. Ein solcher Freibäcker der Gegenwart wollte der Bäckermeister sein.

Und er erfüllt diesen Anspruch sehr genau: Es werden ausschließlich Getreide, Eier, Mehl und Obst in Demeter- oder Bioland-Qualität verwendet. Zudem werden die meisten Zutaten direkt von regionalen Betrieben aus bis zu 30 Kilometern Entfernung bezogen. Das volle Korn wird in der großen Natursteinmühle, die im Schaufenster die Blicke auf sich zieht, vor Ort gemahlen und sofort weiterverarbeitet. So bleiben die wertvollen Inhaltsstoffe erhalten. Dass die meisten Kunden den Bäckermeister noch nie beim Mahlen beobachten konnten, liegt daran, dass dies nachts um zwei Uhr geschieht, wenn in der Backstube die Schicht beginnt. Zusätzlich wird in allen Bereichen auf ökologisches Handeln geachtet. Das beginnt bei den Bio-Rohstoffen, die nur kurze Wege hinter sich haben, und reicht bis zu einer Wärmerückgewinnungsanlage für den Backofen, die für Warmwasser sorgt.

Aber all das macht nicht die Beliebtheit der Freibackwaren über die Stadtgrenzen hinweg aus. Es ist der unverwechselbar gute Geschmack.

Adresse Glockengießerstraße 42, 23552 Lübeck, www.freibackhaus.de | **ÖPNV** Bus 4, 10, 11, 21, 31, 39, Haltestelle Katharineum | **Öffnungszeiten** Mo–Fr 7–18 Uhr, Sa 7–13 Uhr | **Tipp** Schräg gegenüber befindet sich Amaro, ein ebenfalls kleines und sehr feines Geschäft, das besondere Schokoladenkreationen im Angebot hat.

8 Der Füchtingshof

Ein Wohnort der Idylle für Bedürftige

Die Lübecker Altstadt ist bekannt für ihre vielen erhaltenen Gänge, die sich in den Hinterhöfen der Bürgerhäuser befinden. Im Mittelalter errichteten die Eigentümer der Vorderhäuser hölzerne – ab dem 16. Jahrhundert auch steinerne – Buden, die sie an Arbeiterfamilien vermieteten. Da die Bevölkerung wuchs, wurde der Wohnraum auf der räumlich begrenzten Altstadtinsel knapp, und der Mietwucher hielt Einzug.

Doch es gab auch angesehene, wohlhabende Bürger, die ein Herz für die Armen hatten und etwas gegen diese Missstände tun wollten. Wie beispielsweise Ratsherr Johann Füchting. 1636 bestimmte er, dass ein Teil seines Erbes in eine Stiftung fließen sollte, die sich für das Wohl der Armen einsetzt. Und so erwarben die Testamentsvollstrecker mehrere Grundstücke in der Glockengießerstraße, wo eine nach dem Stifter benannte Hofanlage entstand. Sie bot mittellosen Witwen von Kaufleuten und Schiffern kostenfreien Wohnraum. Darüber hinaus erhielten die Damen alle drei Monate ein paar Lübsche Mark ausgehändigt.

Noch heute leben in dem Hof, der einer der prächtigsten in ganz Lübeck ist, Pensionärinnen und Witwen zu günstigen Mietkonditionen. Damit wird der Stifterwille seit fast schon 400 Jahren erfüllt. Die Stiftung »Johann Füchting Testament«, die den Hof noch heute verwaltet, ist dafür zuständig. Sie musste sich jedoch in den 1970er Jahren beim Umbau der Hofanlage durch die Possehl-Stiftung unter die Arme greifen lassen.

Das schönste Zimmer ist der Versammlungsraum im ersten Obergeschoss, das sogenannte Vorsteherzimmer. Darin sind auch zahlreiche Originale des Stifterehepaares zu finden. Beeindruckend ist auch das opulente Sandsteinportal, das die Besucher von der Glockengießerstraße auf den Hof führt. Feste Öffnungszeiten gestatten auch Fremden den Zutritt, jedoch sollte die Privatsphäre der hier lebenden Menschen geachtet werden.

Adresse Glockengießerstraße 23–27, 23552 Lübeck | ÖPNV Bus 4, 10, 11, 21, 31, 39, Haltestelle Katharineum | Öffnungszeiten Mo–So 9–12 und 15–18 Uhr | Tipp In der Glockengießerstraße 39–53 liegt der Glandorps Hof. Er ist der älteste unter den repräsentativen Stiftungshöfen.

9__Die Galerie C. Rügge

Schmuckwerkstatt trifft auf Gartenkunst

Schmuck, Gefäße, Architektur, Objekte. So lässt sich das Werk der Künstlerin Caroline Rügge zusammenfassen. Doch die Kreationen der gelernten Goldschmiedin, die nach ihrer Ausbildung noch ein Studium der Metallgestaltung absolviert hat, sind wesentlich vielseitiger, als dass vier schlichte Worte sie wiedergeben könnten. So fertigt sie beispielsweise Silberabgüsse aus Naturprodukten wie Eichelhülsen, um daraus Schalen zu gestalten. Und auch bei ihren Schmuckstücken spielen florale Motive – hauptsächlich Blätter – eine wichtige Rolle. Besonders gern setzt sie dafür Pâte de verre ein. Dabei handelt es sich um eine 5.000 Jahre alte Glastechnik, bei der Glas so stark erhitzt wird, dass eine pastenartige Masse entsteht, die sich zu Schmucksteinen oder Gefäßen formen lässt. Was Caroline Rügge daraus kreiert, kann man in ihrer GalerieWerkstatt in der Fleischhauerstraße bewundern. Dort bietet sie regelmäßig auch anderen Künstlern oder Kunsthandwerkern die Möglichkeit, ihre Werke im Rahmen einer Gastausstellung zu präsentieren.

Das kleine Highlight befindet sich jedoch im Hinterhof der Galerie. Dort hat Caroline Rügge liebevoll einen außergewöhnlichen Garten angelegt. Natursteinplatten, die einen Weg durch Kies- und Wasserflächen markieren, eine klare, meist rechteckige Formgebung, eine reduzierte, aber wirkungsvolle Auswahl von Pflanzen und geschützte Sitzbereiche lassen einen fast schon japanisch anmutenden Garten entstehen.

Ein Kleinod, das man mitten in der Altstadt nicht vermuten würde und in dem man aus dem geschäftigen Treiben der Einkaufsstraßen kommend in die Ruhe eintauchen kann. Wer diesen Garten einmal gesehen hat, vergisst ihn nicht so schnell wieder. Durch den großen Zuspruch, den sie immer wieder dafür erhält, entschied sich Caroline Rügge, den Garten nicht nur für die Besucher der Galerie zu öffnen, sondern auch an Privatpersonen für Feiern zu vermieten.

Adresse Fleischhauerstraße 63, 23552 Lübeck, www.galeriewerkstatt-ruegge.de | **ÖPNV** Bus 4, 10, 11, 21, 31, 39, Haltestelle Fleischhauerstraße | **Öffnungszeiten** Mo–Fr 11–18 Uhr, Sa 11–16 Uhr | **Tipp** Ein paar Häuser weiter (Nummer 67) liegt das »quartier – feine Künste«, eine kleine Galerie mit Café.

10 Die Galerie für eine Nacht

Kunst im Krämerladen

Eine außergewöhnliche Galerie mit einem außergewöhnlichen Namen. Doch genauso wie sie heißt, fing alles an: Es war die Lübecker Museumsnacht im Jahr 2006. Gabi Bannow – freischaffende Künstlerin und Restauratorin für Ölgemälde – wollte ihre Kunst aus diesem Anlass zeigen und öffnet das Erdgeschoss ihres Hauses. Als Galerie für eine Nacht. Die Resonanz war groß und positiv, sodass sich Gabi Bannow entschied, die Galerie regelmäßig zu öffnen. Der Name aber blieb.

Was genauso blieb, ist die ungewöhnliche Einrichtung der Galerie. Das Altstadthaus, das vermutlich aus dem 16. Jahrhundert stammt, wurde lange Zeit als Krämerladen genutzt und schließlich gut 40 Jahre lang von Gabi Bannows Großeltern als Edeka-Laden betrieben. Als Schülerin half sie am Wochenende der Großmutter, brachte Ware aus dem Lager, um die Regale aufzufüllen, und verdiente sich so ein paar Mark dazu. Ende der 1970er Jahre schloss die Oma das Geschäft, während es die Enkelin zum Modedesign-Studium nach Hamburg zog.

Mitte der 90er Jahre bezog Gabi Bannow das Haus der mittlerweile verstorbenen Großmutter, in dem zuletzt eine Studenten-WG wohnte. Dort fand sie die originale Einrichtung des Kaufladens in der Eingangsdiele vor und beließ sie, wie sie war. Auch als sie hier die Galerie eröffnete und anfing, ihre ausdrucksstarken Bilder auszustellen.

Bannow arbeitet mit Acrylfarben auf Leinwand – mit Öl und Lösungsmitteln hat sie bei ihrer Arbeit als Restauratorin genug zu tun. Ihr zentrales Thema ist der Mensch. Kaum ein Bild, auf dem keine Person dargestellt ist. Inspiration sammelt sie dafür auf der Straße, auf Reisen, in Zeitschriften oder im Internet. Und da sie auch gerne Menschen um sich hat, gibt es in der Galerie Kaffee und selbst gebackene Kuchen, es finden Lesungen, Konzerte und Partys statt.

Adresse Tünkenhagen 32, 23552 Lübeck, www.galerie-fuer-eine-nacht.de | ÖPNV Bus 4, 10, 11, 21, 31, 39, Haltestelle Katharineum | Öffnungszeiten Fr 15–18 Uhr, Sa 11–17 Uhr | Tipp In der unmittelbaren Nähe der Galerie befinden sich einige liebevoll sanierte Altstadthäuser, sodass sich ein aufmerksamer Bummel durch die Gassen lohnt.

11 Der Geibelplatz

Der vergessene Meister der Lyrik

Es war einmal ein Dichter. Geboren und gestorben im Lübeck des 19. Jahrhunderts. Er war der erfolgreichste Lyriker seiner Zeit. Sein Publikum verehrte ihn sehr. Seine Kollegen beneideten ihn darum. Zu Lebzeiten wurde ihm die Ehrenbürgerwürde von seiner Heimatstadt verliehen. Nach seinem Tod sammelten die Bürger Geld, um ihm zu Ehren ein Denkmal zu errichten. 1889, fünf Jahre nachdem der Künstler auf dem Burgtorfriedhof beigesetzt worden war, hatten sie es geschafft. Die Skulptur, die ihr Idol – Emanuel Geibel – darstellte, konnte aufgestellt werden. Natürlich an einem repräsentativen Ort: direkt auf dem Koberg, der hübsch mit Bäumen und Hecken gestaltet war und der zu Ehren des Dichters in Geibelplatz umbenannt wurde.

Und heute? Da ist der Name Emanuel Geibel vielen noch ein Begriff, doch nur wenige kennen von seinem bekanntesten Werk »Der Mai ist gekommen«, das noch im 20. Jahrhundert ein sehr beliebtes Wanderlied war, mehr als die erste Zeile: »… die Bäume schlagen aus«. Der Dichter scheint nahezu in Vergessenheit geraten zu sein. Und im Lübecker Stadtbild ist er ebenso wenig präsent. 1936 wurde der Koberg im Geiste der damaligen Zeit zur Verkehrsfläche umgestaltet und mit Parkplätzen verunstaltet. Da war für den in die Jahre gekommenen Lyriker kein Platz mehr. Der Geibelplatz wurde wieder zum Koberg und die Statue an seinen äußersten Rand, neben die Einmündung der Königstraße, verbannt. Ein kleiner Vorplatz mit Bänken und etwas Grün drum herum – das sollte der neue Geibelplatz sein. Doch eingezwängt zwischen dem angrenzenden herrschaftlichen Gebäude in der Königstraße und dem Heiligen-Geist-Hospital zur anderen Seite, wird dieser kaum wahrgenommen. Wer weiß? Vielleicht darf der einstige Stadtdichter, der von Thomas Mann verehrt und in den »Buddenbrooks« verewigt wurde, irgendwann an den ihm gebührenden Platz zurückkehren.

Adresse Königstraße 1, 23552 Lübeck | **ÖPNV** Bus 4, 10, 11, 21, 31, 39, Haltestelle Koberg | **Tipp** Neben dem Geibelplatz liegt das bekannte Heiligen-Geist-Hospital. Es ist insbesondere zur Vorweihnachtszeit mit seinem besonderen Weihnachtsmarkt sehenswert.

12 Das Gewölbe von St. Marien

Höchste lübische Baukunst

Höchstes Backsteingewölbe der Welt mit 38,5 Metern im Mittelschiff sowie höchste Doppelturmfassade der Welt bis zur Vollendung des Kölner Doms im Jahr 1880. Mit diesen Superlativen wartet die Marienkirche im Herzen der Altstadt Lübecks auf. Sie ist die Kirche der Kaufleute und wurde von ebensolchen zwischen 1163 und 1350 erbaut und immer wieder erweitert. Zunächst als Holzkirche errichtet, wurde diese bereits nach zehn Jahren durch einen Bau aus Backstein ersetzt. 1251 begannen die Kaufleute damit, die Kirche zu einer hochgotischen Basilika umzubauen. Inspiriert wurden sie dabei von den zu dieser Zeit größten Kirchen der Welt, den französischen Kathedralen.

Während in Frankreich jedoch mit Naturstein gebaut wurde, musste in Lübeck auf Backstein zurückgegriffen werden. Eine Gewölbedecke in dieser Höhe war jedoch nie zuvor aus Backstein errichtet worden. Die Schubkräfte des Gewölbes waren so gewaltig, dass sie mit Stützen aus Eichenstämmen nach außen abgeleitet werden mussten.

Infolge der Zerstörungen während des britischen Luftangriffs an Palmarum 1942 wurden die Türme und Gewölbe der Kirche nach dem Zweiten Weltkrieg neu errichtet.

Heute werden die Schubkräfte des Gewölbes nicht mehr durch Eichenstämme, sondern durch Stahlstangen zu den Außenseiten weggeleitet.

Einen faszinierenden Eindruck von der Bauhistorie der Kirche bekommt man während einer Gewölbeführung. Sie beginnt mit dem Aufstieg im Süderturm, zeigt eindrucksvoll das Glockenspiel und führt direkt über das Gewölbe im Mittelschiff. Nach zweieinhalb Stunden Führung und einem Blick auf das große Geläut der Kirche erfolgt der Abstieg durch den Nordturm.

Adresse Marienkirchhof, 23552 Lübeck, www.st-marien-luebeck.de | **ÖPNV** Bus 4, 10, 11, 21, 31, 39, Haltestelle Schüsselbuden oder Fleischhauerstraße | **Öffnungszeiten** und Führungen auf der Website | **Tipp** Neben der Gewölbeführung empfiehlt sich auch der Besuch eines Orgelkonzertes in St. Marien.

13 Der Hellgrüne Gang

Kopf einziehen!

Was wäre Lübeck ohne seine Gänge und Höfe, diese wunderbaren Überreste aus dem mittelalterlichen Städtebau? Entstanden sind sie, als Lübeck zur ›Königin der Hanse‹ emporstieg und immer mehr Menschen die Stadt bevölkerten. Die Altstadtinsel – umgeben von Wasser – konnte sich nicht weiter ausdehnen. Und so wurden Gänge in die giebelseitigen Vorderhäuser der Gassen gebrochen und die Hinterhöfe mit sogenannten Buden bebaut. Dabei handelte es sich um meist zweistöckige Gebäude mit einem Grundriss von kaum mehr als zehn Quadratmetern. Sie dienten als Wohnräume für die Beschäftigten, die in den Straßenhäusern ihrem Gewerbe nachgingen. Eine wichtige Regel galt damals: Die Gänge mussten so breit gebaut werden, dass ein Sarg hindurchgetragen werden konnte.

Schön zu sehen ist dies im Engelswisch 28. Durch ein Vorderhaus führt einer der Eingänge des Hellgrünen Gangs. Hier darf man nicht klaustrophobisch veranlagt sein, wenn man hindurchschreiten möchte. Doch dann, wenn man den Kopf wieder emporrecken kann, entdeckt man die eigene kleine Welt dieses wunderbar verwinkelten und verzweigten Gangs, in dem es auch größere, hofähnliche Flächen und sogar einen Kinderspielplatz gibt. Die ältesten Häuser stammen aus dem 17. Jahrhundert, da das Viertel, dessen Geschichte bis ins 14. Jahrhundert zurückreicht, nach einer Explosion von heimlich gelagertem Schießpulver im Jahr 1596 in Schutt und Asche lag.

Seinen Namen hat der Gang, der auf einer einstigen Weidefläche entstanden ist, von der etwas lichteren Bebauung. Im Gegensatz zu seinem Nachbarn, dem Dunkelgrünen Gang, der noch enger bebaut ist.

Die beiden Namensvetter sind nur zwei von rund 90 Gängen und Höfen, die es heute noch auf der Altstadtinsel zu entdecken gibt. Und auch wenn die meisten davon jederzeit frei zugänglich sind, sollten Besucher auf die Privatsphäre der Anwohner Rücksicht nehmen.

Adresse Engelswisch 28, 23552 Lübeck | **ÖPNV** Bus 3, 4, 10, 11, 12, 21, 30, 31, 32, 39, 40, Haltestelle Große Burgstraße | **Tipp** Nicht weit entfernt – hinter dem Haus Engelsgrube 31 – befindet sich Sievers Torweg, einer der schönsten Wohngänge der Altstadt.

14 Die Herz-Jesu-Kirche

Wirkungsstätte der Lübecker Märtyrer

Fünf große Kirchen prägen mit ihren sieben Türmen die Silhouette der Lübecker Altstadt. Sie gehören allesamt zum evangelisch-lutherischen Kirchengemeindeverband. Was davon zeugt, dass die Reformatoren um Johannes Bugenhagen im 16. Jahrhundert ordentliche Arbeit geleistet hatten. Erst im 19. Jahrhundert gab es wieder vermehrt Katholiken in der Stadt. 1888 bis 1891 errichteten sie mit Herz-Jesu an der Parade die erste katholische Kirche der Stadt seit 350 Jahren. Bis heute ist sie die Hauptkirche des römisch-katholischen Dekanats Lübeck, und bis heute ist sie die einzige katholische Kirche auf der Altstadtinsel.

Seit 2002 steht die Kirche unter Denkmalschutz. 2012 bis 2013 wurde sie aufgrund von Feuchteschäden umfassend saniert. Dabei wurde nicht nur der schwer beschädigte Fußboden ausgetauscht sowie die beeinträchtigten Wände, Säulen und das Gewölbe aufgefrischt, sondern auch Verschönerungsmaßnahmen, wie die Anschaffung von neuem Kirchengestühl, vorgenommen.

Außerdem gab es endlich Ersatz für die beiden Kirchenglocken, die während des Ersten Weltkriegs eingeschmolzen wurden, um daraus Kanonenkugeln herzustellen. In einem festlichen Gottesdienst zum Abschluss der Sanierung und zur Wiedereröffnung der Kirche wurden die in Holland gefertigten Glocken geweiht und anderthalb Monate später zur dritten Glocke, die erhalten geblieben ist, in den Turm gehängt.

Zusätzlich zur Sanierung und Verschönerung wurde die Kirche gleichzeitig um einen Anbau erweitert. Dort, wo sich früher die Beichtstühle befanden, ist nun Raum für das Gedenken an die Lübecker Märtyrer. Drei der vier Geistlichen waren katholische Kapläne an der Herz-Jesu-Kirche. Die Krypta im Untergeschoss wurde ebenfalls umfassend saniert und ist nun Teil der Gedenkstätte für die vier Geistlichen, die 1943 wegen ihres Widerstands gegen die Nationalsozialisten hingerichtet wurden.

Adresse Parade 4, 23552 Lübeck, www.kath-kirche-luebeck.de | **ÖPNV** Bus 1, 2, 4, 6, 7, 9, 15, 16, 17, Haltestelle Fegefeuer | **Öffnungszeiten** Mo–So ganztags | **Tipp** Im benachbarten gläsernen Pavillon befindet sich der K-Punkt. Ein offenes und modernes Kommunikationsangebot der katholischen Kirche, das allen Interessierten offensteht.

15 Die Hochwassermarke

... an der Obertrave

Die Obertrave, an der sich vor Jahrhunderten der Binnenhafen befand und die Salzlieferungen von den Strecknitzfahrern abgeladen wurden, hat sich zu einer der beliebtesten Flaniermeilen Lübecks gemausert. Im Sommer laden die Außensitzplätze der anliegenden Restaurants zum Verweilen ein, im Winter sorgt ein gemütlicher Weihnachtsmarkt für Atmosphäre. Das Holstentor und die Salzspeicher am gegenüberliegenden Ufer und der Malerwinkel um die Ecke tun ihr Übriges dazu.

Doch das Wasser, das die Idylle des Ortes ausmacht, kann sich für die Bewohner gelegentlich als Fluch entpuppen. Insbesondere dann, wenn starker Ostwind herrscht und das Ostseewasser in die Lübecker Bucht hineindrückt. Dann schwappt die Trave gerne mal über das Ufer – als Erstes an der Obertrave. Mit Glück ist die Wetterlage absehbar, und Anwohner können rechtzeitig gewarnt, Türen mit Sandsäcken geschützt und Autos umgeparkt werden. Dies war jedoch im November 1872 nicht der Fall. Eine ungewöhnliche Wetterkonstellation sorgte für die stärkste Sturmflut, die bislang an der Ostsee aufgezeichnet wurde, und überraschte nicht nur die Menschen in den Küstenorten. Auch an der Obertrave wurde ein Wasserpegel in Rekordhöhe gemessen, der heute noch an der Fassade der Hausnummer 8 an der Ecke zur Pagönnienstraße abgelesen werden kann.

3,30 Meter über Normalnull wurden bei diesem Jahrhunderthochwasser in Travemünde gemessen, doppelt so viel wie bei anderen schweren Sturmfluten. Mindestens 271 Menschen starben an der gesamten Ostseeküste, mehr als 15.000 wurden obdachlos. Das kleine Schild, das fast in Augenhöhe eines durchschnittlich großen Erwachsenen hängt, wirkt da wie ein Mahnmal, wenn man bedenkt, dass dem Küsten- und Hochwasserschutz an der Ostsee sehr viel weniger Aufmerksamkeit geschenkt wird als dem an der Nordsee. Denn die nächste Sturmflut kommt ganz bestimmt.

Adresse An der Obertrave 8, 23552 Lübeck | **ÖPNV** Bus 1, 2, 5, 6, 7, 9, 10, 11, 15, 16, 17, 21, 30, 31, 39, 40, Haltestelle Holstentorplatz | **Tipp** Das Haus selbst beherbergt ein erstklassiges Studio für traditionelle thailändische Massage. Beim Schritt durch die Tür wird man in eine andere Welt versetzt.

16 Das Holstentor-Museum

Stadtgeschichte im Bauch des Wahrzeichens

Es war fast so etwas wie ein Schicksalstag für Lübeck. Damals, als am 15. Juni 1863 die Bürgerschaft zusammentrat, um eine bereits zehn Jahre andauernde Diskussion zu beenden. Es ging um den Abriss des sich damals in ruinösem Zustand befindlichen Holstentores. Eine einzige Stimme war das Zünglein an der Waage – 42:41 lautete das Ergebnis, das den Erhalt des Bauwerks besiegelte. Mit den noch im selben Jahr begonnenen Restaurierungsarbeiten wurde das heutige Wahrzeichen der Hansestadt gerettet.

Von außen kennt das ehemalige 50-Mark-Schein-Motiv jeder Lübecker und jeder Tourist. Sieht die unterschiedlich gestalteten Fassaden – kleinteilig gegliedert auf der Stadtseite, schlicht und abgeschottet auf der Feldseite. Bemerkt die unterschiedlich starke Neigung der Türme, ausgelöst durch den morastigen Untergrund. Doch nicht jeder kennt das Tor von innen, obwohl es aus dieser Perspektive mindestens genauso sehenswert ist.

»Die Macht des Handels« – so lautet der Titel der Dauerausstellung, die im Holstentor sieben verschiedene Themenbereiche zeigt. Dabei werden selbstverständlich der Außenhandel sowie die Seefahrt mit verschiedenen Schiffsmodellen dargestellt, die Lübeck einst zu einer solch erfolgreichen Wirtschaftsmacht verholfen haben. Es wird aber auch der Handel innerhalb der Hansestadt präsentiert, gefolgt von einem Modell des mittelalterlichen Lübecks. Letzteres ist aufgrund seiner detailreichen Darstellung sicherlich ein Highlight der Ausstellung.

Das Holstentor selbst ist mit seiner Geschichte und der Einbindung in die Verteidigungsanlagen der Stadt ebenfalls Teil dieses thematischen Reigens. Schließlich wurden auf diese Weise die Stadt und der Handel geschützt. Zu guter Letzt wird auf das lübische Rechtssystem eingegangen, das von über 100 Städten im Ostseeraum übernommen wurde, aber auch in englischen und russischen Städten Anwendung fand.

Adresse Holstentorplatz, 23552 Lübeck, www.museum-holstentor.de | **ÖPNV** Bus 1, 2, 5, 6, 7, 9, 10, 11, 15, 16, 17, 21, 30, 31, 39, 40, Haltestelle Holstentorplatz | **Öffnungszeiten** Jan.–März Di–So 11–17 Uhr, April–Dez. Mo–So 10–18 Uhr | **Tipp** Im Holstentor Eis-Pavillon an der Untertrave gibt es Softeis. Und das schon seit über 60 Jahren.

17_Die Hüxstraße

Einkaufen und speisen mit Charme

Das, was große Investmentfirmen mit innerstädtischen Shoppingcentern und viel Geld umzusetzen versuchen, klappt in der Hüxstraße von ganz allein. Hier reihen sich über 100 Fachgeschäfte aneinander, es gibt kaum Leerstand, und die Einkaufsstraße zählt zu den beliebtesten der Stadt. Denn die Hüxstraße hat gegenüber dem geplanten Center oder den austauschbaren Fußgängerzonen entscheidende Vorteile: Sie hat eine über Jahrhunderte gewachsene Struktur, sie bietet mit ihren inhabergeführten Geschäften ein vielfältiges und individuelles Sortiment – völlig befreit von großen Handelsketten – und sie hat Flair. Viele denkmalgeschützte und schön sanierte mittelalterliche Häuser machen die 517 Meter lange und gerade einmal acht Meter breite Straße zu einer der schönsten der Stadt. Als Rippenstraße zweigt »die Hüx« von der Breiten Straße, die als Fußgängerzone eigentlich die Haupteinkaufsmeile darstellt, ab und führt hinunter zum Elbe-Lübeck-Kanal und der Wakenitzniederung.

Im Mittelalter war die Hüxstraße, die erstmals 1259 als Huestrate erwähnt wurde, vornehmlich die Heimat der Gewerbetreibenden in der Leder-, Fell- und Tuchverarbeitung. Aber auch Brauer, Bäcker und Kaufleute waren hier zu finden. Heute ist das Angebot wesentlich breiter gefächert. Kneipen, Restaurants, Bekleidung, Blumen, Bücher, Kunst, Hüte, Schmuck, Deko- und Geschenkartikel, Feinkost, Brillen, eine ganze Reihe von Friseurgeschäften und vieles mehr ist in der bunten Einkaufsstraße zu finden.

Zweimal im Jahr wird es richtig eng in der Altstadtgasse. Dann veranstaltet die Interessengemeinschaft, zu der sich die Händler und Dienstleister in der Hüx zusammengeschlossen haben, ihr beliebtes Straßenfest. Dann werden noch mehr Tische und Stühle als sonst draußen aufgestellt, es wird geschlemmt und getrunken. Auf der Straße wird Musik gemacht, Mode präsentiert, show-frisiert und einfach kräftig gefeiert.

Adresse Hüxstraße 23552 Lübeck | **ÖPNV** Bus 4, 10, 11, 21, 31, 39, Haltestelle Fleischhauerstraße | **Tipp** Am unteren Ende der Hüxstraße befindet sich die Diskothek Hüx. Eine Institution im Lübecker Nachtleben.

18 Im Alten Zolln

Die Kneipe für jedermann

Man könnte den Alten Zolln als so etwas wie eine Mehrgenerationen-Kneipe bezeichnen. Hier fühlen sich junge Kneipengänger genauso wohl wie das ältere Publikum. Ein Grund dafür mag sein, dass im Alten Zolln in der Regel keine Musik gespielt wird, die aufgrund ihrer Stilrichtung ein gewisses Publikum anzieht oder eben abschreckt. Nur die alte Jukebox unter der Treppe wird ab und an für ein paar Songs angeworfen. Ansonsten herrscht im Zolln Ruhe, es sei denn, es gibt Livemusik, wie von der schwedischen Mini-Big-Band Old Renhornen, die seit einigen Jahren Stammgast im Alten Zolln ist. Zudem wartet der Zolln mit sechs verschiedenen Sorten Fassbier, die man nicht an jeder Ecke bekommt, und einer gutbürgerlichen Speisekarte auf.

Seinen Namen erhielt das Wirtshaus übrigens von einem ehemaligen Zollhaus, das sich einst an dieser Stelle befunden hat. Später hatte hier der Zöllner seine Wohnung, was beides durch urkundliche Erwähnung von 1594 und 1649 belegt ist. Grund dafür war die unmittelbare Nachbarschaft zum inneren Mühlentor, das direkt neben dem Gebäude des Alten Zolln lag, jedoch 1861 abgerissen wurde.

Das heutige Gebäude stammt aus dem späten 16. Jahrhundert. Es wurde mit einem Renaissance-Treppengiebel errichtet, der zur Straße An der Mauer gewandt ist. An der Mühlenstraße liegt die Traufseite, deren Fassade rund 200 Jahre später klassizistisch umgestaltet wurde. So ist ein Eckhaus mit zwei Fassaden aus unterschiedlichen Epochen entstanden.

1966 wurde das Äußere des Hauses unter Denkmalschutz gestellt, und 1972 zog die Gaststätte »Im Alten Zolln« ein. In den 1980er Jahren folgte dann eine grundlegende Sanierung. Seither ist der Zolln das, was ihn heute noch ausmacht. Eine gemütliche Kneipe, in der man sich gerne trifft – zum monatlichen Doppelkopfturnier, zum literarischen Frühschoppen oder einfach nur so.

Adresse Mühlenstraße 93, 23552 Lübeck, www.alter-zolln.de | **ÖPNV** Bus 1, 2, 4, 6, 7, 9, 15, 16, 17, Haltestelle Fegefeuer | **Öffnungszeiten** täglich ab 11 Uhr | **Tipp** Ebenfalls eine Kneipe für jedermann, aber in ganz anderem Stil gehalten, ist das schräg gegenüberliegende Jazz-Café.

19__Das Kaffeehaus

Anlaufstelle für Genießer

Kaffeeliebhaber wissen oft schon vor dem Betreten des schönen Altstadthauses in der Hüxstraße 35, dass sie hier richtig sind. Denn wenn mehrmals in der Woche die gusseiserne Röstmaschine angeworfen wird, strömt der Duft frisch gerösteter Kaffeebohnen bis hinaus auf die Straße. Im Laden selbst kann man die hauseigenen Kaffee- und Espressoröstungen direkt genießen. Oder eine Packung mit nach Hause nehmen – wahlweise in ganzen Bohnen oder frisch gemahlen. Auch einige Restaurants, Cafés und Unternehmen in der Hansestadt lassen sich mittlerweile mit einer echten Lübecker Röstung aus dem Kaffeehaus beliefern. Auf besonderen Wunsch kann sogar eine eigene Bohnenmischung kreiert werden.

Als perfekten Begleiter für den Kaffeegenuss werden im Kaffeehaus Schokoladen, Pralinen, Gebäck und Kuchen, aber auch Deftiges wie Quiches und herzhafte Brioches angeboten. Das Besondere dabei ist, dass wirklich alle Köstlichkeiten aus eigener Herstellung stammen. Die »Konditorei« befindet sich in einem Seitenflügel des Hauses auf gerade einmal 16 Quadratmetern. Hier kümmern sich zwei Konditorinnen und ein Koch darum, dass alles so unglaublich lecker schmeckt.

Obwohl in Lübeck auch andernorts feine Schokoladenspezialitäten hergestellt und vorzüglicher Kaffee geröstet wird, könnte man fast meinen, dass die Genießer in der Stadt nur auf das Kaffeehaus gewartet haben. Denn seit der Eröffnung im Mai 2012 hat sich der kleine Laden innerhalb kürzester Zeit vom Geheimtipp zur echten Institution gemausert und platzt regelmäßig aus allen Nähten. Darum musste er nach weniger als drei Jahren schon erweitert werden. So gibt es im Nachbarladen, der sich als Kombination von Kaffeehaus und Weinbar präsentiert, tagsüber dieselben Köstlichkeiten wie im Hauptgeschäft. Man kann jedoch abends etwas länger sitzen bleiben und den Tag bei einem Glas Wein oder einem guten Gin ausklingen lassen.

Adresse Hüxstraße 35, 23552 Lübeck, www.kaffeehaus-luebeck.de | **ÖPNV** Bus 4, 10, 11, 21, 31, 39, Haltestelle Fleischhauerstraße | **Öffnungszeiten** Mo – Sa 9 – 18 Uhr, Weinbar: Mo – Do 11 – 21 Uhr, Fr – Sa 11 – 22.30 Uhr | **Tipp** Wer die Geheimnisse der Pralinen- und Schokoladenherstellung in der kleinen Manufaktur kennenlernen will, kann an einem der regelmäßigen Pralinenkurse teilnehmen.

20 Das Kinderliteraturhaus

Ahoi, Bücherpiraten!

Literatur beflügelt Kinder. Das Vorlesen von Geschichten regt ihre Phantasie an und fördert das Sprachvermögen. Selbst lesen zu lernen ist ein wichtiger Grundstein für ihre Bildungschancen. Dieses Ziel verfolgen die Bücherpiraten seit 2002. Der Verein, der auf Spenden- und Stiftungsgelder angewiesen ist, vermittelt Kindern Begeisterung für Bücher und regt sie nicht nur zum Lesen, sondern auch zum Schreiben von Geschichten an. Mit Leseprojekten wie dem »Geschichten-Sucher« erreichten die Bücherpiraten bereits mehr als 220 Kitas in Schleswig-Holstein und Mecklenburg-Vorpommern. Über 1.000 Vorlesepaten unterstützen die Einrichtungen ehrenamtlich.

Im Kinderliteraturhaus finden wöchentliche Angebote für unterschiedliche Altersgruppen statt. 8- bis 11-jährige Kinder entdecken im »Club der wundersamen Vorleser«, wie sie Bücher ansprechend für Jüngere vortragen können. Die 12- bis 14-Jährigen treffen sich als »Geschichten-Macher« zum kreativen Schreiben, während es für die Jugendlichen Autoren- oder Poetry-Slam-Gruppen gibt. Highlights aller Aktivitäten sind die jährlichen Veranstaltungsreihen, wie das Lübecker Bücherpiraten-Festival und die Lübecker Jugendbuchtage. Zum Programm gehören dabei Lesungen, Workshops und Themenabende. Außerdem wird beim Festival der »Goldene Bücherpirat« verliehen, dessen Preisträger die Kinder selbst aus einem großen Stapel Bücher ausgewählt haben.

Das Programm und die Aktivitäten, die die Bücherpiraten zum großen Teil ehrenamtlich auf die Beine stellen, wurden schon mehrfach ausgezeichnet und finden viele Unterstützer. So ist es der Großzügigkeit einer Förderin zu verdanken, dass der Verein 2011 für eine symbolische Monatsmiete von einem Euro in das wunderschöne und frisch renovierte Dielenhaus einziehen konnte. Seitdem gibt es auch den Benefiz-Buchladen, in dem man gespendete Kinder- und Jugendbücher zu günstigen Preisen kaufen kann.

Adresse Fleischhauerstraße 71, 23552 Lübeck, www.buecherpiraten.de | ÖPNV Bus 4, 10, 11, 21, 31, 39, Haltestelle Fleischhauerstraße | Öffnungszeiten Mo–Fr 10–18 Uhr | Tipp Wem nach langem Stöbern in den Bücherregalen der Magen knurrt, dem sei ein Besuch im Suppentopf (Fleischhauerstraße 36) empfohlen. Die Warteschlange, die manchmal bis auf die Straße reicht, spricht Bände.

21__Das Koki

Etwas anderes sehen

Auf den ersten Blick ist es nur eines von vielen schönen historischen Bürgerhäusern, die in der Altstadt erhalten geblieben sind. Aber in dem Gebäude in der Mengstraße 35 steckt viel mehr: Schlicht und einfach »Koki« wird es genannt – das Kommunale Kino. Und es steht wie kaum eine andere Einrichtung dafür, was Lübeck als vielfältige Kulturstadt ausmacht. Ein sorgfältig ausgewähltes Programm, in dem Mainstream-Filme nur dann gezeigt werden, wenn sie bereits ein gewisses Alter erreicht und bewiesen haben, dass sie es wert sind, als Klassiker bezeichnet zu werden. Bei den aktuellen Produktionen bekommen im Koki die Filme eine Chance, die ohne großes Werbekapital auskommen und dafür einen umso höheren künstlerischen Anspruch haben. Genauso werden ausländische Filme gezeigt, die in Originalsprache mit Untertiteln laufen, sowie Dokumentar- oder Kurzfilme. Kurz gesagt, im Koki läuft das, was man in den kommerziellen Kinos nicht sieht. Außerdem gibt es regelmäßig Kinderkinoveranstaltungen und Sondervorführungen für Schulklassen.

Damit erfüllt das Koki seinen Bildungsauftrag auch für die jüngere Generation. Schließlich gehen seine Ursprünge ins Jahr 1979 zurück, als im selben Gebäude noch das »Zentrum«, eine Einrichtung des städtischen Jugendamtes, untergebracht war. Was anfangs noch als Film-AG mit improvisierten Vorführungen begann, wuchs im Laufe der Zeit durch Sachspenden, Stiftungsgelder, ehrenamtlichen Einsatz und öffentliche Fördermittel zu einem richtigen Kinosaal, der heute über 80 Plätze und eine moderne digitale Projektionstechnik verfügt. Dabei stand das Kino im Jahr 2002 kurz vor dem Aus, als die Stadt es nicht mehr weiterbetreiben wollte. Die Rettung war ein Förderverein, der das Kino seit 2007 mit über 400 Mitgliedern, zwei hauptamtlichen Kräften und vielen ehrenamtlichen Helfern engagiert betreibt und so die Kulturlandschaft der Stadt bereichert.

Adresse Mengstraße 35, 23552 Lübeck, www.kinokoki.de | ÖPNV Bus 3, 12, 30, 32, 40, Haltestelle Beckergrube | Öffnungszeiten gemäß Programm auf der Website | Tipp Das Filmhaus (Königstraße 38) bietet als Programmkino ebenfalls eine interessante Filmauswahl – auch jenseits des Mainstreams.

22 Der Krähenteich

Ein Freibad mitten in der Altstadt

Der Damm zwischen Elbe-Lübeck-Kanal und Krähenteich gehört wohl zu den schönsten Flecken der Altstadtinsel. Hier lässt es sich aber erst seit Beginn des 20. Jahrhunderts so schön flanieren. Denn früher reichte der Krähenteich dicht bis an die Wakenitz heran. Mit dem Kanalbau schrumpfte er auf seine heutige Größe, was ihn aber nicht weniger sehenswert macht.

Doch eigentlich ist der Krähenteich gar kein Teich, sondern ein fließendes Gewässer. Er entwässert nämlich die seit dem 13. Jahrhundert aufgestaute Wakenitz. Ihr Wasser wird durch einen Düker unterhalb des Kanals in den Krähenteich geleitet und fließt unter der Mühlenbrücke in den Mühlenteich und von dort weiter in die Trave. Auf diese Weise ist das Wasser im Krähenteich ständig frisch und sauber, was sich die Lübecker schon kurz nach dem Kanalbau zunutze machten.

Sie richteten sich eine Badeanstalt am Krähenteich ein. Dafür baute man einen hölzernen Steg, der das Ufer der Altstadtinsel mit dem am Damm verband. Pavillons, Aufbauten, Erker und Türme verliehen der Anlage, in der es selbstverständlich geschlechtergetrennte Badezonen gab, ein viktorianisches Ambiente. Bis in die 1980er Jahre gab es im Altstadtbad einen solchen Verbindungssteg, danach war das Baden nur noch von der Altstadtseite aus möglich. Mit dem Steg schwanden die Nutzer des Bades, und die Anlage verfiel zusehends. Die Stadt schloss das Bad 1998.

Erst durch eine Initiative von Anwohnern und die Gründung eines Fördervereins konnte das Naturbad mit der Liegewiese und dem kleinen Strand wiederbelebt werden. Seither erfreuen sich viele Altstadtbewohner, insbesondere Familien, an dem Badevergnügen vor der Haustüre. Der Holzsteg reicht zwar nicht bis zum Damm, dafür aber begrenzt er Schwimmer- und Nichtschwimmerbereiche. Außerdem veranstaltet der Förderverein Feste, Lesungen und Konzerte in dem schönen Ambiente am Wasser.

Adresse An der Mauer 51/2, 23552 Lübeck, www.altstadtbad-kraehenteich.de | **ÖPNV** Bus 1, 2, 4, 6, 7, 9, 15, 16, 17, Haltestelle Fegefeuer | **Öffnungszeiten** Mitte Mai–Mitte Sept. Mo–So 10–19 Uhr | **Tipp** Von der Außenterrasse des Vai Bistro (Mühlenbrücke 9) hat man bei leckeren Speisen einen phantastischen Blick auf den Krähenteich.

23 Das Kunsthaus Lübeck

Große Kunst in kleinen Räumen

Im Verhältnis zu ihrer überschaubaren Größe bietet die Lübecker Altstadt eine Fülle von kleinen Galerien und Kunstausstellungen. Unter ihnen sticht das Kunsthaus mit seiner ganz besonderen Auswahl an Originalen der Klassischen Moderne und zeitgenössischen Kunst hervor. Hier findet man Grafiken von Künstlern wie Marc Chagall, Edvard Munch, Otto Dix oder Ernst Barlach.

Mit seiner Lage in der nördlichen Königstraße ist das Kunsthaus nur einen Steinwurf vom Günter-Grass-Haus entfernt. Gleichzeitig vertritt die Galerie das bildkünstlerische Werk des Schriftstellers. Insbesondere die Skulpturen des gelernten Steinmetzes Grass, die in einer bayerischen Gießerei gegossen werden, werden hier verlegt. Ein weiteres Standbein ist das Werk von Armin Mueller-Stahl in den Bereichen Malerei, Zeichnung und Druckgrafik, das exklusiv durch das Kunsthaus vertreten wird. Den vielfach begabten Künstler – Mueller-Stahl ist studierter Konzertgeiger, berühmter Schauspieler, Schriftsteller und Maler – verbindet zugleich eine Freundschaft mit dem Mitbegründer des Kunsthauses, Frank-Thomas Gaulin.

Und so könnte man fast behaupten, ohne das Kunsthaus gäbe es die bekannte Farblithografie, die Mueller-Stahl von Willy Brandt zu dessen 100. Geburtstag geschaffen hat, gar nicht. Denn im Jubiläumsjahr reisten Gaulin und Mueller-Stahl gemeinsam zu dessen Ausstellungseröffnung in Neuruppin. Als die »neue Ostpolitik« unter Brandt zufällig zum Thema wurde, schilderte der Künstler, der bis 1979 in der DDR lebte, wie das Wirken des ehemaligen Kanzlers ihn geprägt hat. Daraufhin regte Galerist Frank-Thomas Gaulin Mueller-Stahl dazu an, ein Porträt von Willy Brandt zu schaffen. Der Künstler nahm die Idee auf und schuf ein Werk, von dem Gaulin begeistert war. Und so wurden pünktlich zum 18. Dezember 2013 180 nummerierte und signierte Exemplare des Brandt-Porträts im Kunsthaus verlegt.

Adresse Königstraße 20, 23552 Lübeck, www.kunsthaus-luebeck.de | **ÖPNV** Bus 4, 10, 11, 21, 31, 39, Haltestelle Katharineum | **Öffnungszeiten** Di – Fr 11 – 18 Uhr, Sa 11 – 14 Uhr | **Tipp** Wenige Schritte weiter befindet sich in der Königstraße 42 ein imposanter Sandsteinbau. Darin befand sich einst die Reichsbankfiliale zu Lübeck.

24 Das Kunterbunte Mietfach

Die Idee macht's!

Filztaschen, Keramikschmuck, Kinderkleidung, Fotoalben und vieles mehr. Das alles gibt es im Kunterbunten Mietfach, einem kleinen Laden voller Individualität. Denn alle Produkte wurden selbst entworfen und in liebevoller Handarbeit hergestellt. Von kreativen Menschen, die ihre Werke in einem von 130 Mietfächern verkaufen.

Bianca Ude hat den Laden im Juli 2013 eröffnet. Die gelernte Bürokauffrau hat vorher selbst gern genäht und ihre eigenen Produkte über Mietfächer in anderen Städten angeboten. Dann entschloss sie sich dazu, selbst ein solches Geschäft zu eröffnen. Seitdem füllt sich der Laden kontinuierlich, ständig kommen neue interessante Produkte hinzu. Auch Insektenhotels, dekorative Fahrradklingeln oder schmackhafte Chutneys sind dabei. Der Großteil der verkauften Ware kommt aus Lübeck und Umgebung. Es gibt aber auch Verkäufer aus weiter entfernten Teilen der Republik, die vom Kunterbunten Mietfach erfahren und hier ein Fach für ihre handgefertigten Waren angemietet haben. Die Inhaberin achtet dabei aber darauf, dass jedes Produkt nur einmal angeboten wird, damit es keine Konkurrenz unter den Verkäufern gibt. Und natürlich darauf, dass die Mischung stimmt. Sie muss von den Produkten und ihrer Qualität überzeugt sein. Das ist es, was bei den Kunden gut ankommt und den Erfolg des Ladens ausmacht.

Dass sie mit der Eröffnung des Kunterbunten Mietfachs und der Auswahl der Waren genau das richtige Gespür hatte, bestätigte sich für Bianca Ude schon nach einem halben Jahr. Für ihr Konzept wurde sie mit dem Innovations- und Mutpreis der Lübecker Nachrichten ausgezeichnet. Seitdem kommt sie kaum noch dazu, selbst die Nähmaschine anzuwerfen und eigene Produkte zu kreieren. Stattdessen funktionierte sie ihr ehemaliges Atelier in zusätzliche Verkaufsfläche um. Die nach nur kurzer Zeit bereits gefüllt waren.

Adresse Mühlenstraße 60, 23552 Lübeck, www.kunterbuntes-mietfach.de | **ÖPNV** Bus 1, 2, 4, 6, 7, 9, 15, 16, 17, Haltestelle Fegefeuer | **Öffnungszeiten** Mo–Fr 10–18 Uhr, Sa 10–16 Uhr | **Tipp** Eine Auswahl des kunterbunten Angebotes gibt es auch im Online-Shop unter der angegebenen Internetadresse zu erwerben.

25__Die Löwen-Apotheke

Alte Tradition neu belebt

Wie kann eine Apotheke ein Ort sein, den man unbedingt gesehen haben muss? Normalerweise ist man froh, wenn man diese Verkaufsstätten für Medizin und Gesundheitsprodukte lediglich passieren kann und nicht hineinmuss, um sich ein Heilmittel für eine akute Erkrankung zu besorgen. Doch in dieser Apotheke ist das anders.

Schon von außen ist sie ein Schmuckstück: Die denkmalgeschützte Backsteinfassade mit dem Treppengiebel stammt von 1230. Damit ist die Löwen-Apotheke eines der ältesten Bürgerhäuser in der historischen Altstadt, wahrscheinlich sogar das älteste im Stile der Gotik. Fast 600 Jahre dauerte es, bis in das Haus eine Apotheke einzog. Bis dato hatten hier fast ausnahmslos Lübecker Ratsherren und Bürgermeister gewohnt. Sogar die Gattin von Kaiser Karl IV. nächtigte hier beim gemeinsamen Besuch der Hansestadt. Der ehemalige Ratsapotheker Adolf Christoph Sager kaufte das Haus 1812 und eröffnete darin die erste privat geführte Apotheke.

Heute, gut 200 Jahre später, werden in der Löwen-Apotheke immer noch pharmazeutische Produkte vertrieben. Aber daneben gibt es hier noch viel spannendere Dinge zu entdecken. Da ist zum einen die Innenarchitektur, die Antikes mit Modernem harmonisch kombiniert – die originale Ausstattung ist dem Zweiten Weltkrieg zum Opfer gefallen. Und zum anderen sind da die außergewöhnlichen Produkte, die im Verkaufsraum angeboten werden. Hier wandelt man nicht durch die üblichen Nahrungsergänzungsmittel und Cremes, die man in allen anderen Apotheken findet. Stattdessen durch eine ganze Palette von eigenen Produkten, die der Apotheker nach althergebrachten Rezepturen anmischt. Vom Schnupfenfeind bis zum Marzipan-Liqueur findet man hier wohltuende ätherische Öle, Pflegeprodukte und Gaumenschmankerl. Und die Gestaltung der Verpackungen fügt sich optisch perfekt ins Gesamtbild, pardon, Gesamtkunstwerk der Löwen-Apotheke ein.

Adresse Dr.-Julius-Leber-Straße 13, 23552 Lübeck, www.loewen-apotheke-luebeck.de | **ÖPNV** Bus 4, 10, 11, 21, 31, 39, Haltestelle Fleischhauerstraße | **Öffnungszeiten** Mo–Fr 8.30–18.30 Uhr, Sa 9.30–15 Uhr | **Tipp** Gegenüber der Apotheke befindet sich eines der derzeitigen Karstadt-Gebäude. 1884 wurde in Lübeck die erste Filiale des Warenhauskonzerns aus Wismar eröffnet, zu deren ersten Kunden Heinrich und Thomas Mann gehört haben sollen.

26 Der Malerwinkel

Vielleicht der schönste Ort der Stadt

Es ist nur eine kleine Grünanlage zwischen Wallstraße und Trave. Und dennoch bietet sie den wohl berühmtesten Blick auf die Lübecker Altstadt. Das Postkartenmotiv schlechthin, höchstens noch übertroffen vom Holstentor. Denn vom Malerwinkel aus hat man über den Fluss hinweg eine traumhafte Sicht auf die liebevoll sanierten historischen Häuser an der Obertrave. Wendet man den Blick nach Norden, reihen sich die Türme von St. Petri und St. Marien hintereinander auf, im Vordergrund sieht man die Dankwartsbrücke. Im Osten erhebt sich der Dom mit seinen Doppeltürmen majestätisch über den wie auf einer Perlenkette aneinandergereihten, hell getünchten Altstadthäuschen.

Diese Aussicht ist es, die dem kleinen Fleckchen gegenüber der Altstadtinsel seinen Namen verliehen hat. Denn seit jeher ist es unter Malern ein beliebter Platz gewesen, um die Staffelei aufzustellen und die Schönheit der Hansestadt auf Leinwand festzuhalten. Heute sind es meistens ortskundige und professionelle Fotografen, die hier zu finden sind.

Andere wiederum wollen hier einfach nur ausspannen und mit bloßem Auge den Blick auf die Stadt genießen. Es soll 1935 ein Hamburger Ansichtskartenverlag gewesen sein, der den Begriff Malerwinkel für ein entsprechendes Postkartenmotiv erstmals verwendet hat.

Dass es Menschen gibt, die für diesen (oder einen ähnlichen) Ausblick viel Geld bezahlen, sieht man, wenn man vom Malerwinkel aus an der Trave entlang weiterspaziert – egal in welche Richtung. Denn die »Filetgrundstücke« auf den ehemaligen Wallanlagen in direkter Wasserlage sind sowohl nördlich als auch südöstlich des Malerwinkels mit modernen Mehrfamilienhäusern bebaut. Dass der kleine Fleck im Traveknick grün geblieben ist, ist unter anderem einer Bürgerinitiative zu verdanken, die sich 2005 gegründet hat, um den unverbauten Blick auf die Altstadt zu bewahren.

Adresse Wallstraße (zwischen Dankwartsbrücke und Wallbrücke), 23560 Lübeck | **ÖPNV** Bus 1, 2, 5, 6, 7, 9, 10, 11, 15, 16, 17, 21, 30, 31, 39, 40, Haltestelle Holstentorplatz | **Tipp** Über die Dankwartsbrücke erreicht man das andere Ufer der Obertrave. Hier sind die Dankwarts-, Marles- und Hartengrube mit ihren Seitengässchen und Gängen besonders sehenswert.

27 Der Marzipan-Salon

Nicht reinbeißen, nur gucken!

Mandeln und Zucker. Sonst nichts. Das sind die Zutaten für ein Produkt, das schon seit Hunderten von Jahren die Gaumen der Menschen hierzulande erfreut. In Persien, der ursprünglichen Heimat des Marzipans, soll das Gemisch aus Mandeln und Zucker bereits im 10. Jahrhundert als Heilmittel eingesetzt worden sein. Im Mittelalter kam es nach Europa, war aber zunächst dem Adel vorbehalten. Hergestellt wurde es damals wie alle Süßwaren von Apothekern, die das Marzipan – wie einst seine Erfinder im Orient – wegen seiner heilsamen Wirkung anpriesen. Erst später durften auch Zuckerbäcker die süße Masse herstellen und es zur Verzierung ihrer Torten nutzen.

1806 eröffnete ein junger Konditormeister aus Ulm die erste Marzipanmanufaktur in Lübeck – deren Produkt bald der Lübecker Exportschlager werden sollte. Gut 100 Jahre später ernannte Kaiser Wilhelm II. das Unternehmen sogar zum Hoflieferanten. Niederegger verwendete Mandeln und Zucker. Sonst nichts – außer einer geheimen Zutat, die bis heute nur die Niederegger Konditorenmeister kennen. Angeblich soll sie dem Rosenwasser ähneln, das auch andere Marzipanbäcker nutzen. Mittlerweile gibt es auch Niederegger Marzipan, das mit Orangenöl, Pistazien oder Kaffee verfeinert wurde, oder auch andere Süßwaren wie Nougat oder Schokolade.

Im Stammhaus in der Breiten Straße sollte man aber nicht an der reichen und verlockenden Auswahl kleben bleiben, sondern ein paar Treppen in die zweite Etage nehmen. Im dortigen Marzipan-Salon kann man die Kreationen zwar nicht essen, aber dafür die meisterliche Kunst der Marzipanbäcker bewundern. Zwölf lebensgroße Figuren aus Mandelmasse begrüßen die Besucher. Allesamt Persönlichkeiten der (Zeit-)Geschichte, die bekennende Marzipanfans waren oder sind. Und es gibt eine kleine historische Ausstellung über die Entstehung der Leckerei und des Unternehmens Niederegger zu sehen.

Adresse Breite Straße 89, 23552 Lübeck, www.niederegger.de | **ÖPNV** Bus 1, 2, 5, 6, 7, 9, 15, 16, Haltestelle Kohlmarkt; Bus 5, 10, 11, 21, 31, 39, Haltestelle Wahmstraße; Bus 1, 2, 4, 6, 7, 9, 15, 16, 17, Haltestelle Sandstraße | **Öffnungszeiten** Mo–Fr 9–19 Uhr, Sa 9–18 Uhr, So 10–18 Uhr, Vorweihnachtszeit Mo–Sa 9–20 Uhr | **Tipp** Für den schnellen Einkauf und günstige Bruchware empfiehlt sich der Niederegger Fabrikverkauf (Zeißstraße 1–7).

28 Das Miera

Tolles Ambiente, wunderbares Essen

Das schöne Bürgerhaus mit bester Lage in der Hüxstraße ist fast schon eine Institution unter den Lübecker Restaurants. Dazu trägt nicht nur die ambitionierte Küche bei, sondern auch das stimmige Ambiente. Der weinrote Anstrich der Fassade mit goldenem Schriftzug findet sich auf Schürzen, Speisekarten und Servietten wieder. Ansonsten dominieren Holz und Leder die schlichte und stilvolle Einrichtung. Empfangen wird der Gast von der eindrucksvollen Antipasti-Theke, die dazu einlädt, direkt eine Auswahl der feilgebotenen Speisen zu erstehen und das Restaurant zugunsten eines geschmackvollen Picknicks wieder zu verlassen. Dann aber würde man die abgestimmten Menüvorschläge verpassen, genauso wie die große Weinauswahl und den gemütlichen Garten. Oder gar die Beletage, die erst abends öffnet und sich mit weißen Tischdecken, Stoffservietten und schwerem Besteck von der entspannten Lockerheit des Bistros im Erdgeschoss abhebt.

Manfred Miera setzt auf eine gehobene Küche, die ohne viel Schnickschnack auskommt. Da finden sich schlichte Bruscetta genauso auf der Vorspeisenkarte wie Bratwürste mit Balsamicolinsen und Malzbiersoße. Ein mediterraner Einfluss ist unverkennbar, es haben aber auch Klassiker wie Königsberger Klopse oder ein heimischer Steinbutt ihren Platz.

Regionale Fischspezialitäten dominieren die Karte der ersten Miera Dependancen, die 2009 in Neustadt (Holst.) und 2015 in Trravemünde eröffnet wurden. Aber auch sonst kann man die Miera-Küche auch außerhalb des Stammhauses erleben: auf Volksfesten wie dem Traveufer-Festival oder bei privaten Feiern mit einem Miera-Buffet. Und wer einmal hinter die kulinarischen Kulissen blicken will, bucht einen der gut besuchten Kochkurse bei Manfred Miera, die zugleich informativ und unterhaltsam sind. Als Andenken gibt es nicht nur eine ansehnliche Rezeptliste, sondern auch eine der schönen weinroten Schürzen mit dem goldenen Schriftzug.

Adresse Hüxstraße 57, 23552 Lübeck, www.miera-luebeck.de | **ÖPNV** Bus 4, 10, 11, 21, 31, 39, Haltestelle Fleischhauerstraße | **Öffnungszeiten** Mo–Sa 9.30–24 Uhr | **Tipp** Ebenfalls köstlich schlemmen kann man schräg gegenüber im Restaurant Vai (Hüxstraße 42).

29 Der Museumshafen

Oldtimer vor historischer Kulisse

Der Abschnitt an der Untertrave zwischen Beckergrube und Drehbrücke versprüht ein ganz besonderes maritimes Flair. Am Ufer reiht sich ein Oldtimerschiff ans nächste. 16 Segler, teilweise bis zu 150 Jahre alt, und zwei Schlepper gehören zum Museumshafen, der von einem Verein betrieben wird. Dazu kommt noch der »Wels«, ein unter Denkmalschutz stehender Eimerkettenbagger. Die Museumsschiffe liegen fast alle an der Untertrave, wenn sie nicht gerade in See gestochen sind. Denn die meisten der Kutter, Schoner und anderen Schiffe, die dem Verein durch wohlgesonnene Eigner zur Verfügung gestellt wurden, sind noch fahrtüchtig und nehmen regelmäßig interessierte Besucher zu Ausflugsfahrten mit.

Seit 1981 besteht der gemeinnützige Verein, der mittlerweile von über 100 Mitgliedern unterstützt wird. Welch Glück für die Hansestadt, da der Verein mit seiner Arbeit die Atmosphäre vergangener Zeiten und das, wofür die Hafenstadt Lübeck einst berühmt wurde, lebendig macht.

Am gegenüberliegenden Traveufer liegen die »Lisa von Lübeck«, der Nachbau einer mittelalterlichen Hansekogge, und das mehr als 100 Jahre alte Feuerschiff »Fehmarnbelt«, die zwar nicht offiziell zum Museumshafen gehören, ihn aber perfekt ergänzen. Im ausgedienten Wärterhäuschen der Drehbrücke, das jetzt Peter-Rehder-Haus heißt, hat der Verein des Museumshafens seinen Sitz. Gemeinsam mit der Gesellschaft Weltkulturgut e.V., die für die »Lisa von Lübeck« verantwortlich ist, wurde in der ehemaligen Brückenwärterwohnung ein maritimes Kontor eingerichtet. Besucher können dort Auskünfte und Informationsmaterial zu maritimen Themen in der Hansestadt sowie den Lübecker Wassersportvereinen erhalten. Außerdem können im Kontor Segeltörns auf den Museumsschiffen gebucht werden. Und man erfährt, was der Namensgeber des Hauses – Peter Rehder – als Stadtbaudirektor einst für die Lübecker Hafenwirtschaft geleistet hat.

Adresse An der Untertrave (zwischen Beckergrube und Engelsgrube), 23552 Lübeck, www.museumshafen-luebeck.org | ÖPNV Bus 3, 12, 30, 32, 40, Haltestelle Beckergrube | Tipp Den perfekten Blick auf Museumschiffe und Altstadt hat man von den zahlreichen Personenschiffen, die Rundfahrten um die Altstadt und darüber hinaus anbieten und ganz in der Nähe des Museumshafens ablegen.

30 Die Musikhochschule

Ein Quartier als musikalische Ausbildungsstätte

Von der Fußgängerbrücke an der Obertrave hat man den perfekten Blick auf die klassizistische Fassade, auf der in großen Lettern draufsteht, was sich dahinter verbirgt: die Musikhochschule Lübeck (MHL). Den weiteren 21 denkmalgeschützten Bürgerhäusern im Gebäudeblock zwischen Großer Petersgrube und Depenau sieht man nicht sofort an, dass sie miteinander verbunden sind und zum Gebäudekomplex der Musikhochschule gehören. Dafür mussten in den 1980er Jahren die einzelnen Häuser weitreichend umgebaut werden. Schließlich sollten Verwaltung, Seminarräume und sogar Konzertsäle untergebracht werden. So wurden teilweise Wände versetzt, Decken geöffnet und einzelne Gebäude komplett abgerissen. Sanierungsmaßnahmen, die nicht ohne öffentliche Kritik abliefen, gehört die große Petersgrube doch zu den repräsentativsten Straßenzügen im Weltkulturerbe. Aber an den Gebäuden nagte der Zahn der Zeit, und erst mit dem Einzug der Hochschule wurden die historischen Fassaden saniert.

An der MHL unterrichten 30 Professoren und 140 weitere Dozenten rund 400 Studenten in den Studiengängen Musikpraxis und Musikpädagogik. Außerdem finden hier jedes Jahr die sogenannten Meisterkurse des Schleswig-Holstein Musik Festivals statt, zu denen sich hochkarätige Künstler einfinden, um Studierende aus aller Welt zu unterrichten.

Aber nicht nur zur Festivalzeit bringt die Musikhochschule Lübeck, die mit ihren Vorläuferinstitutionen auf eine gut 100-jährige Geschichte zurückblicken kann, internationales Flair in die Stadt. Unter den regulär eingeschriebenen Studenten finden sich junge Menschen aus rund 40 Nationen. Zudem kooperiert die MHL mit 43 anderen Hochschulen aus 16 Ländern, was zu ihrem internationalen Renommee beiträgt. In Lübeck selbst bereichert die Lehranstalt das kulturelle Angebot der Stadt um viele Konzerte, die auch für die Öffentlichkeit zugänglich sind. Viele mit freiem Eintritt.

Adresse Große Petersgrube 21, 23552 Lübeck, www.mh-luebeck.de | **ÖPNV** Bus 1, 2, 5, 6, 7, 9, 10, 11, 15, 16, 17, 21, 30, 31, 39, 40, Haltestelle Holstentorplatz | **Öffnungszeiten** Konzerttermine auf der genannten Internetseite | **Tipp** Hervorragende, mit Liebe gebackene Kuchen gibt es in der benachbarten Engelsbäckerei (Große Petersgrube 8).

31_Die Musterbahn

Die etwas andere Altstadtgasse

Enge Gassen und mittelalterliche Kaufmannshäuser – das ist das typische Bild der als Unesco Weltkulturerbe geschützten Lübecker Altstadt. Die gründerzeitliche Villenbebauung ist normalerweise den Vorstädten jenseits von Kanal und Trave vorbehalten. Die Musterbahn, eine 170 Meter lange Straße am Ufer des Mühlenteichs, stellt eine von wenigen Ausnahmen dar. Der Grund dafür liegt darin, dass die Straße jahrhundertelang in dieser Form gar nicht existierte. Hier verlief nämlich einst nur ein schmales Gässchen, das zur Südseite durch die Stadtmauer begrenzt war. Erst als 1875 die Stadtbefestigung abgebrochen wurde, wurde die Straße neu bebaut.

Von der Mühlenstraße kommend wird die nördliche Straßenseite durch einen lang gezogenen Seitenflügel der Oberschule zum Dom begrenzt, der 1874 als »Höhere Gewerbeschule an der Musterbahn« errichtet wurde. Auf der gegenüberliegenden Straßenseite prägen dreigeschossige Gründerzeitbauten das Bild. Besonders herausstechend und unter Denkmalschutz stehend sind die Häuser Nummer 3 und 19. Letzteres ist 1887 als neoklassizistisches Stadtpalais errichtet und 1907 für Senator Emil Possehl umgebaut worden.

Die Hausnummer 3 wurde 1878 im Stil der Neorenaissance erbaut. An der Fassade mit den offenen Rundbögen befinden sich aufwendige Verzierungen, die vom Lübecker Terrakottabildhauer Statius von Düren gefertigt wurden. Die Werkstatt von Dürens befand sich Mitte des 16. Jahrhunderts vor dem Holstentor und fertigte Terrakotten, die zahlreiche Lübecker Bürgerhäuser genauso schmückten wie das Schweriner Schloss. Die Terrakottaelemente aus der Musterbahn waren ursprünglich an einem Haus in der Braunstraße 4 angebracht. Dieses wurde 1549 für einen reichen Kaufmann errichtet und 1878 abgebrochen. Die Terrakotten wurden vorher abgenommen, an dem Haus in der Musterbahn angebracht und durch neue Reliefs ergänzt.

Adresse Musterbahn, 23552 Lübeck | **ÖPNV** Bus 1, 2, 4, 6, 7, 9, 15, 16, 17, Haltestelle Fegefeuer | **Tipp** An der Ecke Musterbahn/Mühlenstraße befindet sich ein imposantes Gebäude. Es handelt sich dabei um die historische Hauptturnhalle, die heute noch von Turnvereinen genutzt wird.

32__Die Neue Rösterei

Kultureller Mix im alten Kontor

Auf mittlerer Höhe der Wahmstraße befindet sich ein Gebäude, das sich in Größe und Proportionen von den Nachbarhäusern unterscheidet. Weniger Lübecker Kaufmannshaus, eher Hamburger Speichergebäude. Mit Seitenflügel und Hinterhaus umschließt es einen hübschen Innenhof, in dem man ein lauschiges Plätzchen findet und seinen Kaffee genießen kann. Damit schließt sich in gewisser Weise der Kreis zur ursprünglichen Nutzung des Gebäudes, in dem sich einst eine Kaffeerösterei befand. »A. Behn & Sohn Rösterei Contor« steht auf einem alten Metallschild im Café Remise zu lesen, das im Seitenflügel untergebracht ist. Die Firma, die in Lübeck als Tee-Behn bekannt war, betrieb ab 1831 ein Ladengeschäft in der Breiten Straße, in dem nordische Erzeugnisse und indische Gewürze verkauft wurden. Später kam der Großhandel mit Tee, Zucker und Kolonialwaren hinzu. 1888 eröffnete Behn & Sohn eine Zweigstelle im Hamburger Freihafen. Möglicherweise kam von dort auch die Inspiration für den wilhelminischen Backsteinbau, der 1897 in der Wahmstraße errichtet wurde, als die Räumlichkeiten in der Breiten Straße nicht mehr ausreichten. Neben Kontor- und Lagerräumen für verschiedene Waren war im Hinterhaus die Kaffeerösterei untergebracht.

Und so war der Name schnell gefunden, als Mitte der 1990er Jahre das Gebäude saniert wurde und neue Nutzer kamen. Die »Neue Rösterei« bezeichnet sich als soziokulturelles Zentrum, in das unter anderem eine Werkkunstschule, ein Buddhistisches Zentrum, Räume für Yoga- und Shiatsu-Kurse, ein Verein für sozialpädagogische Projekte und das Café Remise eingezogen sind. Im Hintergebäude befindet sich die »Kulturrösterei«, wo Theater, Kabarett, Lesungen und Musik auf dem Programm stehen. Es ist eine bunte Mischung aus schulischen, sozialen und kulturellen Angeboten, die sich unter dem Dach des Fördervereins Neue Rösterei e.V. zusammengefunden hat.

Adresse Wahmstraße 43–45, 23552 Lübeck, www.neue-roesterei.de | **ÖPNV** Bus 5, 10, 11, 21, 31, 39, Haltestelle Wahmstraße; 1, 2, 4, 6, 7, 9, 15, 16, Haltestelle Königstraße; 5, Haltestelle Krähenstraße | **Tipp** Gegenüber der Neuen Rösterei liegt die »Unnerbüx«. Dieser Altstadtgang, der zur Aegidienstraße führt, erhielt seinen Namen, da er einen Eingang und zwei Ausgänge hat.

33 Die Nördliche Wallhalbinsel

Schützenswertes Zeugnis alter Hafenkultur

Roter Backstein und rot gestrichene Holzplanken prägen das Bild am nordwestlichen Rand der Altstadtinsel. Die historischen Hafenschuppen an der Untertrave, auf der nördlichen Wallhalbinsel und in der Hafenstraße wurden Ende des 19. bis Anfang des 20. Jahrhunderts errichtet. Sie waren seinerzeit rein funktional gestaltet. Mit wenig störenden Stützen, breiten Öffnungen und platzsparenden Rolltoren. Und mit direkter Schienenanbindung, um die per Schiff ankommenden Waren schnell per Bahn weitertransportieren zu können. Trotzdem hatten diese Umschlagplätze schon während des 20. Jahrhunderts ausgedient, als moderne Hafenanlagen traveabwärts errichtet wurden.

Geblieben sind die Schuppen als Zeitzeugen und technische Denkmäler. Mit ihrem besonderen Industriecharme und der traumhaften Lage direkt am Wasser beherbergen die restaurierten Exemplare gefragte Veranstaltungsstätten, Restaurants und Büroräume. Zu einer Landmarke ist das ehemalige Lagerhaus geworden, das jetzt Media Docks heißt und gekonnt die alte Substanz mit modernen Elementen kombiniert.

Bleibt nur noch die Frage, was aus den noch nicht sanierten Schuppen wird. Ein langes Streitthema zwischen Politik und Öffentlichkeit. Das »Filetstück« der Stadtentwicklung wurde 2008 an einen skandinavischen Investor verkauft. Anschließend wählte man per Wettbewerb einen Masterplan aus, dessen bauliche Struktur sich an den Hafenschuppen orientiert. Eine engagierte Projektinitiative konnte dessen Umsetzung jedoch vorerst stoppen. Sie setzt sich dafür ein, dass statt einer Neubebauung die historische Substanz saniert und gegebenenfalls umgebaut wird. Denn mit den Schuppen würde ein außergewöhnlich gut erhaltenes Ensemble von hochindustriellen Hafenanlagen aus dem Stadtbild verschwinden.

Adresse Willy-Brandt-Allee 31, 23554 Lübeck | ÖPNV Bus 3, 12, 30, 32, 40, Haltestelle Beckergrube | Tipp Das Cafe & Bar Celona in dem bereits restaurierten und neu genutzten Hafenschuppen an der Hafenstraße 1 bietet einen tollen Ausblick auf die Nördliche Wallhalbinsel.

34 Die Overbeck-Gesellschaft

Gegenwartskunst im Pavillon

Auf den ersten Blick könnte man meinen, dass in dem reichhaltigen kulturellen Angebot Lübecks die zeitgenössische Kunst etwas unterrepräsentiert ist. Aber neben der Kunsthalle St. Annen gibt es eine ganze Reihe kleinerer Galerien mit hohem Anspruch. Eine besondere Ausstellungsstätte für aktuelle Kunst ist versteckt im Skulpturengarten des Behnhauses. Abseits vom Einkaufs- und Verkehrstrubel der Altstadt findet man in dem ehemaligen Bürgergarten eine grüne Oase der Ruhe – und den Ausstellungspavillon der Overbeck-Gesellschaft. Hinter dem Namen verbirgt sich der Lübecker Kunstverein, der 1918 gegründet und nach dem gebürtigen Lübecker Johann Friedrich Overbeck benannt wurde, einem der bedeutendsten Maler des 19. Jahrhunderts. Unter der Leitung des renommierten Kunsthistorikers Carl Georg Heise, der gleichzeitig auch Leiter der Lübecker Museen war, wurden damals die Ausstellungen des Kunstvereins im Behnhaus gezeigt.

1930 konnte der Verein seinen Pavillon beziehen, der im sogenannten Bauhausstil errichtet worden war. Seither zeigt der Kunstverein, der offiziell »Overbeck-Gesellschaft – Verein von Kunstfreunden e.V.« heißt, seine wechselnden Ausstellungen in den drei großen, schlichten Räumen. Mittlerweile sind es rund fünf Ausstellungen pro Jahr, die nicht nur Malerei, Grafik und Fotografie, sondern auch Installationen, Videokunst, Design oder Kunsthandwerk umfassen. Dabei werden Fragestellungen aufgegriffen, die nicht nur in der internationalen Kunstszene, sondern auch im gesellschaftspolitischen Kontext eine Rolle spielen. Regelmäßige Führungen bieten die Möglichkeit, sich mit der Kunst auseinanderzusetzen und in einen Diskurs einzutreten. Bei den Vernissagen häufig auch mit dem ausstellenden Künstler selbst, denn oftmals sind die Ausstellungen im Overbeck-Pavillon eigens für diesen Ort erarbeitet worden.

Adresse Königstraße 11, 23552 Lübeck, www.overbeck-gesellschaft.de | **ÖPNV** Bus 4, 10, 11, 21, 31, 39, Haltestelle Koberg | **Öffnungszeiten** während der Ausstellungen Di–So 11–17 Uhr, im Sommerhalbjahr ab 10 Uhr, Termine für Ausstellungen und Führungen auf der genannten Internetseite | **Tipp** Im Haus der Gemeinnützigen (Königstraße 5–7) befindet sich die Zimberei. Ein Restaurant, in dem sich wunderschöne historische Räume mit erlesenen Speisen verbinden.

35 Das Rantzau-Palais

Ein Märchenschloss im Stadtzentrum

Für das Schleswig-Holstein Musik Festival verwandeln sich jeden Sommer die schönsten Baudenkmäler zu Konzertsälen. Die Verwaltung des Festivals hat ganzjährig das Vergnügen, im wunderbar sanierten Rantzau-Palais zu residieren. Das gelb gestrichene Gebäude mit seinem Erker, den Türmchen und Zinnen sowie dem Treppengiebel sticht regelrecht unter den andern Gebäuden an der Parade hervor. 1858 war es Graf Kuno zu Rantzau-Breitenburg, der die Immobilie erwarb und sie in das Schlösschen im Stile der Neogotik verwandeln ließ. Dass sie einmal ganz anders ausgesehen hat, erkennt man, wenn man um das Gebäude herumgeht. Die Rückseite offenbart eine Fassade in Backsteingotik, die man zunächst auf das 16. Jahrhundert datierte.

Doch der Kern des Gebäudes ist noch älter. Es wurde ursprünglich als Domkurie, also als Wohnsitz eines Domherrn im Bereich der Domfreiheit, errichtet, innerhalb derer die Gerichtsbarkeit der Stadt nicht galt. Untersuchungen von Holzbalken und Mörtel ergaben, dass das Baumaterial aus dem 13. Jahrhundert stammt. Womit geklärt war, dass die Domkurie noch viel älter als vermutet war. Die Materialproben wurden im Zuge der umfassenden Restaurierung des Rantzau-Palais entnommen, die von der Deutschen Stiftung Denkmalschutz durchgeführt wurde. Ihr wurde das verfallene Baudenkmal 2002 übertragen, sie übernahm die Sanierungskosten in Höhe von 3,1 Millionen Euro und gab dem Haus seinen ehemaligen Glanz zurück. Insbesondere der in der Beletage gelegene Rokokosaal gilt mit seinen feinen Stuckaturen als einer der prachtvollsten der Stadt. Er entstand bei größeren An- und Umbauten im 18. Jahrhundert, im Zuge derer auch die großzügige zweiläufige Treppe eingebaut wurde.

2005 wurde die Sanierung erfolgreich abgeschlossen. In einem feierlichen Akt konnte die Verwaltung des Musikfestivals das Haus als Mieter übernehmen.

Adresse Parade 1, 23552 Lübeck | **ÖPNV** Bus 1, 2, 4, 6, 7, 9, 15, 16, 17, Haltestelle Fegefeuer | **Tipp** In direkter Nachbarschaft befindet sich mit dem 125 Jahre alten, im historischen Bau untergebrachten Marienkrankenhaus die einzige Klinik auf der Altstadtinsel.

36 Das Rettungsboot der Pamir

Trauerort für die auf See Gebliebenen

95 Prozent der weltweit gehandelten Waren werden mit dem Schiff transportiert. Die moderne Schifffahrt ist hoch technologisiert und mit umfassender Sicherheitstechnik ausgestattet. Und dennoch: Immer noch verlieren jedes Jahr Tausende von Seeleuten auf hoher See ihr Leben. Umso erstaunlicher ist es, dass es bis vor wenigen Jahren weltweit keine einzige Gedenkstätte für die Opfer der zivilen Schifffahrt gab.

Seit 2007 ist das anders. Die Lübecker Jakobikirche wurde, kurz nach ihrem Bau, im Jahr 1334 den Seefahrern und Fischern geweiht. Hier wird auch ein Rettungsboot des Segelschiffs »Pamir« aufbewahrt, das 1957 in schwerer See sank. Von der 86-köpfigen Besatzung überlebten nur sechs Männer das Unglück. Es war das letzte große Unglück eines Großseglers. 2001 besuchte der einzige Seemann, der von dem in St. Jakobi liegenden Boot gerettet wurde, die Kirche zu einer Gedenkfeier. Im Gespräch mit dem Pastor entwickelte sich die Idee, an dieser Stelle eine allgemeine Gedenkstätte einzurichten. Und so wurden auf dem Steinfußboden neben dem Boot die Namen derer, die auf der Pamir ihr Leben ließen, eingemeißelt.

Frische Kranzlegungen und aufbewahrte Kranzbänder zeugen davon, dass die Gedenkstätte aktiv genutzt wird. Und obwohl sie sich in einer evangelischen Kirche befindet, ist sie ein Ort, an dem Menschen, egal ob gläubig oder nicht, und ganz gleich, welcher Konfession sie angehören, um ihre auf See gebliebenen Angehörigen, Kameraden oder Freunde trauern. So wurde kurz nach Einweihung der Gedenkstätte der Imam der Lübecker Zentralmoschee zum Seefahrergottesdienst eingeladen, um im Gedenken an verunglückte muslimische Seeleute aus dem Koran vorzutragen. Genau wie die Seefahrt ist die Gedenkstätte international und überkonfessionell – hier kommen Menschen zusammen, die dasselbe Schicksal vereint.

Adresse Jakobikirchhof, 23552 Lübeck, www.st-jakobi-luebeck.de | ÖPNV Bus 3, 4, 10, 11, 12, 21, 30, 31, 32, 39, 40, Haltestelle Breite Straße | Öffnungszeiten April–Okt. Di–So 10–18 Uhr, Nov.–März Di–So 10–16 Uhr, im Sommer auch montags | Tipp Es empfiehlt sich ein Rundumblick auf dem Koberg, der wegen seiner geschlossenen historischen Bebauung als einer der schönsten Plätze Norddeutschlands gilt.

37 Rund um St. Aegidien

Ein Quartier – drei Religionen

In der engen mittelalterlichen Altstadt ballen sich Geschäfte, Versorgungseinrichtungen, Büros, Sehenswürdigkeiten und mit ihnen Bewohner wie Besucher. Abseits der Hauptstraßen geht es dennoch recht beschaulich zu. Wie zum Beispiel im Aegidienviertel.

In seinem Zentrum liegt die gleichnamige Kirche – die kleinste der Innenstadtkirchen, die mit ihren sieben Türmen die Altstadtsilhouette prägen. Drum herum erstreckte sich einst das Viertel der Handwerker, deren Häuser nicht ganz so groß und repräsentativ wie die in den Quartieren der Kaufleute waren. Dafür sind aber noch sehr viele von ihnen erhalten geblieben, was das schöne Ambiente rund um die Aegidienkirche ausmacht.

Das Viertel war im Mittelalter aber stark von Armut geprägt, sodass hier gleich zwei Einrichtungen der sozialen Fürsorge geschaffen wurden. Das ehemalige St.-Annen-Kloster, in dem sich heute das gleichnamige Museumsquartier befindet, war nach der Reformation zum Armen- und Waisenhaus umgewidmet worden. Eine ebensolche Nutzung erfuhr der direkt gegenüber der Kirche liegende Aegidienhof. Der ehemalige Beginenkonvent aus dem 13. Jahrhundert wurde im Laufe der Jahrhunderte erweitert und beherbergte später ebenfalls Wohn- und Versorgungseinrichtungen für Mittellose und Waisenkinder.

Ab 1880 wurde das Aegidienviertel nicht nur durch die Kirche, sondern auch durch die in der St.-Annen-Straße errichtete Synagoge geprägt. Ersichtlich wird dies auch durch die vielen »Stolpersteine«, die hier liegen und mit ihrer Gravur an die Opfer des Holocaust erinnern, die einst in diesen Häusern gelebt haben. Nur 100 Jahre später ist das Viertel um einen weiteren Kulturkreis reicher – die Moschee im Pergamentmachergang. Drei Religionen in einem Viertel – das ergibt in einer modernen Gesellschaft ein harmonisches Miteinander, wie ein gemeinsam organisiertes Stadtteilfest eindrucksvoll verdeutlichte.

Adresse Aegidienkirchhof, 23552 Lübeck und drum herum | ÖPNV Bus 5, Haltestelle Krähenstraße | Tipp Die schönen Häuser, die sich um den grünen Aegidienhof gruppieren, sind zu Wohn- und Arbeitszwecken umgenutzt worden. Dennoch ist der sehenswerte Hof für die Öffentlichkeit zugänglich geblieben.

38_Die Salzspeicher

Symbol der Handelsmacht

Heute sind es einfach sechs historische Lagerhäuser im Stile der Backsteinrenaissance, die sich malerisch am Westufer der Obertrave aneinanderreihen. Doch sie symbolisieren das, was Lübeck den Aufstieg zur mächtigsten Handelsmacht in Nordeuropa ermöglichte: den Handel mit begehrten und teuren Gütern. In diesem Falle war es das besonders reine Salz, das unter der Erde von Lüneburg lagerte. In Nord- und Nordosteuropa war die Nachfrage nach dem »weißen Gold« hoch, denn man konnte damit die in der Ostsee und vor Norwegen gefangenen Heringe einpökeln und haltbar machen. So wurde das Salz vom 30 Kilometer entfernten Lüneburg zunächst über die Alte Salzstraße und später auf dem Stecknitzkanal nach Lübeck gebracht. Hier, am strategisch wichtigen Umschlagplatz zwischen Binnenland und Ostsee, wurde es zwischengelagert und auf seegängige Schiffe Richtung Norwegen, Schweden oder Russland geladen. Auf diese Weise kontrollierte Lübeck nicht nur den Salzhandel, was der Stadt zu wirtschaftlichem Wachstum und steigendem Einfluss verhalf.

Die sechs Salzspeicher, direkt am Endpunkt des Stecknitzkanals gelegen, wurden im 16. und 18. Jahrhundert errichtet, als Nachfolgebauten der hölzernen Heringsbuden, die vorher an dieser Stelle standen und bereits in den Besitz der Salzhändler übergegangen waren. Zu Beginn des 20. Jahrhunderts waren die Gebäude derart heruntergekommen, dass sie eigentlich abgerissen werden sollten. Doch dann kam Filmregisseur Friedrich Wilhelm Murnau und entschied, dass diese Kulisse genau der richtige Drehort für seinen Gruselfilm »Nosferatu« war. So wurde der Film 1922 hier gedreht, und die Speicher blieben stehen. Ein Umstand, der 20 Jahre später zum glücklichen Umstand für das Textilkaufhaus Heick und Schmaltz werden sollte. Dessen Stammhaus in der Sandstraße wurde ausgebombt. Das Unternehmen bezog als Notquartier die Salzspeicher. Und ist bis heute geblieben.

Adresse Wallstraße 1, 23560 Lübeck | **ÖPNV** Bus 1, 2, 5, 6, 7, 9, 10, 11, 15, 16, 17, 21, 30, 31, 39, 40, Haltestelle Holstentorplatz | **Tipp** Neben den Salzspeichern, mit Blick auf die Trave, wurde 2013 der Boulodrome des Lübecker Boule Clubs eröffnet. Im nahe gelegenen Welcome Center, der Touristeninformation am Holstentorplatz, können Boulekugeln ausgeliehen werden.

39_Das Schabbelhaus

Museum und Restaurant in einem

Das Schabbelhaus, das aus zwei verbundenen Kaufmannshäusern besteht, beeindruckt von außen wie innen durch seine historischen Elemente. Das reich verzierte Eingangsportal führt in die alte Diele mit Galerie. Hier prägen schwere Steinbodenplatten und große Eichenschränke die dunkel gehaltene Einrichtung. Im rückwärtigen Anbau schließen sich weitere Räume an, die mit ihrem reichhaltigen Stuck, alten Kachelöfen und Wandgemälden in hellen Farben gestaltet sind und nicht nur farblich, sondern auch stilistisch im Kontrast zum Hauptraum stehen. Die Wand- und Deckenmalereien sowie die antike Einrichtung lassen den Eindruck entstehen, man befinde sich nicht nur in einem Restaurant, sondern zugleich auch in einem Museum. Und dieser Eindruck ist richtig.

Schließlich hatte Heinrich Schabbel, ein wohlhabender Bäckermeister, nach seinem Tod 1904 der Stadt Lübeck eine stattliche Summe Geld zu genau diesem Zweck vermacht. Sie sollte eine Stiftung einrichten, die für künftige Generationen die Lebensverhältnisse wohlhabender Kaufleute des 18. Jahrhunderts dokumentierte. Somit erwarb die Stadt das besonders gut erhaltene und mit einem aufwendigen Portal ausgestattete Haus in der Mengstraße 36. Mit wertvollem Inventar wurden darin ein Museum und gleichzeitig eine Weinschänke eingerichtet. Das Haus überlebte den Zweiten Weltkrieg nicht. Doch es fanden sich die beiden Häuser in der unteren Mengstraße, in denen das Schabbelhaus neu eingerichtet wurde.

Hier findet man nun Dielen aus dem Barock, den Gartensaal im Rokoko-Stil, Renaissance-Balkendecken und weitere Schätze, die teilweise aus dem alten Schabbelhaus gerettet werden konnten. Das eindrucksvolle Portal der Mengstraße 36 ist jedoch in den dortigen Neubau integriert worden. Das neue Schabbelhaus erhielt stattdessen das kostbare Portal aus dem ansonsten völlig zerstörten Glandorp-Haus in der Fischstraße.

Adresse Mengstraße 48/50, 23552 Lübeck, www.schabbelhaus.de | ÖPNV Bus 3, 12, 30, 32, 40, Haltestelle Beckergrube | Öffnungszeiten Mo–Sa 12–14.30 und 18–23 Uhr | Tipp Ein paar Meter vom Schabbelhaus entfernt zweigt die schmale Gasse »Siebente Querstraße« ab. Sehenswert sind die gemauerten Schwibbögen, durch die sich die Gebäude gegenseitig abstützen.

40_Die Schiffergesellschaft

Haus der Seefahrer

Am Rande des Kobergs befindet sich ein Haus, das wie kein zweites für die maritime Prägung Lübecks steht. Das Haus der Schiffergesellschaft war das Zunfthaus des gleichnamigen Seefahrerverbandes. Im Jahr 1401 gründete sich die St.-Nikolaus-Bruderschaft, innerhalb derer sich die Seeleute gegenseitig unterstützten und die Hinterbliebenen von Zunftmitgliedern sozial absicherten. 1535 erwarb die Bruderschaft das Grundstück an der Ecke Breite Straße/Engelsgrube, um hier ihr Zunfthaus zu errichten. Der Standort war ideal: direkt gegenüber der Jakobikirche, die den Seefahrern und Fischern geweiht war, und angrenzend an das Wohnviertel zwischen Fischergrube und Große Altefähre, in dem die Mitglieder der Zunft lebten. Das Backsteingebäude mit dem Treppengiebel wurde im Stile der Frührenaissance gestaltet und überstand glücklicherweise den Zweiten Weltkrieg unversehrt.

So blieb auch die große hohe Diele, wie sie sonst in Kaufmannshäusern typisch war, in großen Teilen original erhalten. Und so taucht man mit Betreten des Hauses unweigerlich in vergangene Zeiten ein. Als an den langen Tischen und Bänken, die aus Schiffsplanken gefertigt und Gelage genannt wurden, noch die Seefahrer saßen. Ordentlich gruppiert nach ihren Fahrzielen, wie die Wappen, beispielsweise der Rigafahrer oder Bergenfahrer, an den Stirnseiten der Gelage erkennen lassen.

Die Decke zieren unzählige Schiffsmodelle, die aber vorwiegend aus dem 17. bis 19. Jahrhundert stammen. Und der 20-kerzige Kronleuchter, der den recht dunklen Raum in den Abendstunden in ein ganz besonderes Licht taucht. Wenn es gelingt, sollte man für einen guten Überblick als Sitzplatz die erhöhte Bank am Ende der Diele wählen. Diese wurde früher Beichtstuhl genannt, denn hier hatten die Älterleute ihren Sitz. Sie verschafften sich von hier oben Gehör und führten die Hohn- und Spottafel auf dem Schwarzen Brett gegenüber.

Adresse Breite Straße 2, 23552 Lübeck, www.schiffergesellschaft.com | **ÖPNV** Bus 4, 10, 11, 21, 31, 39, Haltestelle Koberg | **Öffnungszeiten** Mo–So 10–1 Uhr | **Tipp** Nur wenige Schritte entfernt liegt Dat Hogehus (Koberg 2), das größte erhaltene mittelalterliche Bürgerhaus Lübecks. Heute befinden sich darin Tagungs- und Schulungsräume der IHK.

41 Die Stadtbibliothek

400 Jahre Bibliotheksgeschichte

In der traditionsreichen Lübecker Stadtbibliothek kann man auf Zeitreise gehen. Zum einen literarisch, denn unter den rund 1,1 Millionen Büchern, die sich hier finden lassen, sind einige schon mehr als 900 Jahre alt. Zum anderen architektonisch: Als die Bibliothek vor rund 400 Jahren durch staatlichen und kirchlichen Ratsbeschluss gegründet wurde, gestaltete man den aus dem 14. Jahrhundert stammenden Schlafsaal des ehemaligen Katharinenklosters zum Bibliothekssaal um. Weitere Gebäudeteile aus dem Mittelalter, dem 19. sowie 20. Jahrhundert kamen im Laufe der Zeit dazu. Der jüngste größere Bauabschnitt entstand in den 1970er Jahren, als die allgemeine Informationsbibliothek und die wissenschaftliche Bibliothek unter einem Dach vereinigt wurden.

Besonders sehenswert sind die historischen Säle, die im Rahmen einer Führung besucht werden können. Zu ihnen gehört der Mantelssaal, der 1877 auf Initiative von Friedrich Wilhelm Mantels eingerichtet wurde, der zur damaligen Zeit Stadtbibliothekar in Lübeck war. Bei der Architektur orientierte man sich am Vorbild des mittelalterlichen Klostersaals, an den der neue Saal angegliedert wurde.

Der historische Bibliothekssaal wird heute Scharbausaal genannt. Dieser Name bezog sich ursprünglich nur auf den angrenzenden Konsistorialsaal. In diesem wurde 1759 die private Bibliothek von Hinrich Scharbau, dem ehemaligen Hauptpastor von St. Aegidien, untergebracht. Da er kinderlos war, vermachte er seine 6.000 Bände umfassende Sammlung der Stadtbibliothek unter der Bedingung, dass diese separat aufgestellt und katalogisiert werden sollte. Mittlerweile sind die Bücher der Scharbau-Sammlung thematisch in die Gesamtsammlung integriert. Im großen Scharbausaal, auf den der Name im Laufe der Zeit übertragen wurde, sind rund 20.000 historische Bücher untergebracht – passenderweise aus den Themenbereichen Geschichte und Theologie.

Adresse Hundestraße 5–17, 23552 Lübeck, www.stadtbibliothek.luebeck.de | **ÖPNV** Bus 4, 10, 11, 21, 31, 39, Haltestelle Katharineum | **Öffnungszeiten** Mo–Fr 10–19 Uhr, Sa 9–13 Uhr | **Tipp** Den Scharbausaal kann man nicht nur zu den monatlichen Führungen besichtigen. Es finden hier auch Veranstaltungen wie Lesungen und Konzerte statt.

42__Die Stadthalle

Großes Kino inmitten der Altstadt

Es war im Jahr 1948, als an der Hüxtertorallee die »Lichtspiele Hoffnung« ihren Betrieb aufnahmen. Firmengründer Albert Kieft konnte zum damaligen Zeitpunkt nicht ahnen, dass er damit den Grundstein für das größte Kinounternehmen Deutschlands legen sollte. Es waren seine Kinder, Marlis und Heiner, die in den 1970er Jahren ins Unternehmen eintraten und 1993 in der Lübecker Stadthalle ihr erstes Multiplex-Kino eröffneten. Mit dem Bau beziehungsweise der Übernahme weiterer Standorte in ganz Deutschland und in Nachbarländern sowie einem Joint Venture mit dem australischen Kinomarktführer Greater Union wurde aus der Kieft & Kieft Filmtheater GmbH die CineStar-Gruppe. Zu Beginn des 21. Jahrhunderts übernahm das Unternehmen die Marktführerschaft unter den Kinobetreibern in Deutschland. Und auch wenn es mittlerweile einige wesentlich größere CineStar-Kinos gibt, ist die Stadthalle unter ihnen etwas Besonderes geblieben.

Zum einen, weil es eines der ersten Multiplex-Kinos in Deutschland war und bis heute der Stammsitz der Firmengruppe ist. Zum anderen wegen seiner Architektur. Denn die sieben Kinosäle mit fast 1.600 Plätzen und Büroräumen für die Mitarbeiter der Firmenzentrale befinden sich nicht in einem frei stehenden Neubauklotz. Sie verbergen sich dezent hinter der gründerzeitlichen Fassade der 1903 als Konzert- und Veranstaltungssaal erbauten Stadthalle. Der im 20. Jahrhundert mehrfach umgebaute Saal wurde seit 1919 als Lichtspielhaus betrieben und im Jahr 1973 von Albert Kieft übernommen.

Neben dem regulären Kinoprogramm werden hier auch 3-D-Kinofilme gezeigt und besondere Liveveranstaltungen übertragen. Das kulturelle Highlight stellen aber die jährlich in der Stadthalle stattfindenden Nordischen Filmtage dar. Bei dem traditionsreichen Filmfestival, das 1956 erstmals veranstaltet wurde, werden ausschließlich Filme aus dem Norden und Nordosten Europas gezeigt.

Adresse Mühlenbrücke 11, 23552 Lübeck, www.cinestar.de | **ÖPNV** Bus 1, 2, 4, 6, 7, 9, 15, 16, 17, Haltestelle Stadthalle | **Öffnungszeiten** zu den Kinovorstellungen | **Tipp** Aus den ehemaligen Lichtspielen ist das »Eventhaus Hoffnung« (Hüxtertorallee 23a) geworden. Hinter der historischen Stadthausfassade verbirgt sich ein Veranstaltungssaal mit einzigartiger Rundumprojektionsanlage.

43 Das St. Annen Kinder

So wurde früher gespielt

9.000 Quadratmeter Gesamtfläche. 4.000 davon Ausstellungsfläche und mehr als 2.000 Quadratmeter Höfe, Gänge und Gärten. Die Dimensionen des neuen Museumsquartiers St. Annen sind beeindruckend. Ebenso sind es die verschiedenen Ausstellungsbereiche, wie die mittelalterliche Ausstellung zu sakraler Kunst und zu 500 Jahren Wohnkultur und bürgerlichem Leben in Lübeck, die schon seit 1915 in den historischen Mauern des ehemaligen St.-Annen-Klosters untergebracht ist. Oder auch die Ausstellung moderner Kunst, die in der Kunsthalle St. Annen gezeigt wird. Seit der Neugestaltung und Erweiterung des Museums und der Kunsthalle zum Museumsquartier, das im Jahr 2013 eröffnet wurde, sind unter anderem eine Multimedia-Zeitleiste, Flächen für Sonderausstellungen und ein Kindermuseum hinzugekommen.

Letzteres, das »St. Annen Kinder«, zeigt auf rund 200 Quadratmetern weitaus mehr als nur die Spielzeugsammlung der Lübecker Museen. Es gibt den kleinen Besucherinnen und Besuchern einen Einblick in die Lebenswelt von Kindern vor mehr als 100 Jahren. Denn im Puppenhaus aus dem späten 19. Jahrhundert gibt es keine Dusche und Toilette mit fließendem Wasser. Stattdessen eine Waschschüssel und ein separates Klohäuschen. Und in der Spielküche befinden sich neben dem Holzofen auch Utensilien, die heute nicht einmal mehr Erwachsene kennen, wie beispielsweise ein Kaffeeröster oder ein Butterfass – natürlich alles im Miniaturformat.

Die Kinder lernen aber auch, dass solche Spielsachen nur den wohlhabenden Kindern vorbehalten waren und dass diese meist nur unter Aufsicht eines Erwachsenen damit spielen durften. Sie erfahren, wie arme und elternlose Kinder in vergangenen Jahrhunderten in Lübeck lebten. Nämlich im Armenhaus, das nach der Reformation im St.-Annen-Kloster, also den heutigen Museumsräumen, eingerichtet wurde. Und sie dürfen hier alles anfassen, aufklappen und bespielen.

Adresse St.-Annen-Straße 15, 23552 Lübeck, www.museumsquartier-st-annen.de | ÖPNV Bus 1, 2, 4, 6, 7, 9, 15, 16, 17, Haltestelle Fegefeuer | Öffnungszeiten Jan.–März Di–So 11–17 Uhr, April–Dez. Di–So 10–17 Uhr | Tipp Im Obergeschoss ist die originale und sehr gut erhaltene Einrichtung der ehemaligen St.-Jakobi-Apotheke ausgestellt, die von 1874 bis 2003 in der Breiten Straße betrieben wurde.

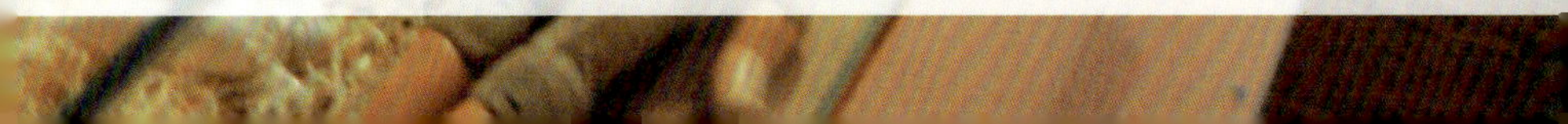

44__Das TheaterFiguren-Museum

Ein einzigartiger Schatz

Es gibt mehrere gute Gründe, warum man einmal den Kolk in der westlichen Altstadt besucht haben muss. Zum einen ist da die gut erhaltene und schön sanierte Bausubstanz in der nur 110 Meter langen und ziemlich schmalen Gasse. An der östlichen Straßenseite verläuft die hohe Stützmauer des Petrikirchhofs, was den Eindruck der Enge und Dunkelheit zusätzlich verstärkt. So muss es im mittelalterlichen Lübeck ausgesehen haben! Ein weiterer Anziehungspunkt im Kolk ist das Gebäudeensemble, das sich über die Häuser 14–18 sowie drei Häuser im rückwärtig gelegenen St.-Jürgen-Gang erstreckt. Nicht nur, dass es sich dabei um wunderschöne denkmalgeschützte Backsteingebäude mit Renaissance-Treppengiebeln handelt. Das Haus Nummer 16 ist mit nur drei Metern Breite, aber 13 Metern Höhe eines der schmalsten in der Altstadt.

Der eigentliche Schatz aber verbirgt sich im Inneren des Baukomplexes: das TheaterFigurenMuseum. Eine außergewöhnliche Ausstellung von Theaterpuppen und -figuren, die Museumsgründer Fritz Fey aus Europa, Asien und Afrika zusammengetragen hat. Über 30.000 Exponate, zu denen auch Requisiten, Kulissen und Musikinstrumente gehören, sind in der Sammlung zu finden. Einzelne davon sind bis zu 300 Jahre alt. Selbstredend, dass nicht alle davon in der Dauerausstellung gezeigt werden können. Doch rund 1.000 davon sind in unterschiedlichen Themenräumen zu sehen. Zwischen chinesischen Schattenfiguren, afrikanischen Masken, tschechischen Marionetten und mechanischen Figuren aus Frankreich wird klar, dass es in diesem Museum um mehr als nur Puppen geht. Es stellt einen wichtigen kulturhistorischen Aspekt unterschiedlicher Nationen dreier Kontinente dar. Für die Erfüllung dieses Bildungsauftrags ist Museumsgründer Fey 2013 mit dem Bundesverdienstkreuz ausgezeichnet worden.

Adresse Kolk 14, 23552 Lübeck, www.theaterfigurenmuseum.de | **ÖPNV** Bus 1, 2, 5, 6, 7, 9, 10, 11, 15, 16, 17, 21, 30, 31, 39, 40, Haltestelle Holstentorplatz | **Öffnungszeiten** April – Okt. täglich 10 – 18 Uhr, Nov. – März Di – So 11 – 17 Uhr | **Tipp** Direkter Nachbar des Museums ist das Figurentheater Lübeck, in dem Stücke für Kinder und Erwachsene gezeigt werden, Spielplan unter www.figurentheater-luebeck.de.

45 Das Theaterschiff

Kultur statt Kohle und Kies

Als die MS Marie 1956 vom Stapel lief, sollte es ihre Bestimmung sein, Kohle und Kies in ihrem Rumpf auf Binnenwasserstraßen zu transportieren. Nach vielen Jahren harter Arbeit sollte Marie auf ihre alten Tage noch einmal das süße Nichtstun mit leichter Unterhaltung kennenlernen. Das 67 Meter lange Schiff kam zum Umbau in eine Stettiner Werft. Dort wurde der ehemalige Frachtraum in einen hübschen Theatersaal mit 156 Sitzplätzen und Foyerbereich mit Gastronomie verwandelt.

Als Theaterschiff ankerte Marie 2006 zunächst im Lübecker Klughafen an der Kanalstraße zwischen Fußgängerbrücke und Hüxtertorbrücke. Ein Jahr später siedelte sie an die Rosenhofbrücke am Travemünder Priwall um. 2009 hat sie letztendlich an ihrem Liegeplatz im Holstenhafen vor der Musik- und Kongresshalle festgemacht.

Doch eigentlich ist es egal, wo Marie liegt, sie hat schließlich alles, was sie braucht, bei sich: Bühne, Sitzplätze, Atmosphäre. Und auch die Menschen, egal ob Schauspieler oder Besucher, folgen Marie überallhin. Denn der gemütliche Theatersaal und das hohe Niveau der unterhaltsamen Vorstellungen – der Schwerpunkt liegt auf Komödien, Revuen, Kabarett und Gastvorstellungen renommierter Künstler – finden beim Publikum großen Zuspruch. Schon längst ist die schwimmende Bühne zu einem festen Bestandteil der Lübecker Kulturlandschaft und zum Spielort der jährlichen Theaternacht geworden.

Vielleicht ist es aber doch nicht ganz egal, wo Marie vor Anker geht. Denn durch ihren Standort im Holstenhafen ist sie nicht nur für viele Menschen schneller erreichbar und häufiger präsent. Hier findet der Theaterabend den perfekten Ausklang: Auf dem Freideck über dem Saal kann man kühle Getränke und einen wundervollen Ausblick auf die Altstadt und die Untertrave mit dem Museumshafen genießen.

Adresse Willy-Brandt-Allee 10, 23554 Lübeck (Holstenhafen vor der MuK), www.theaterschiffluebeck.de | **ÖPNV** Bus 3, 12, 30, 32, 40, Haltestelle Beckergrube | **Öffnungszeiten** zu den Vorstellungen | **Tipp** Im Klughafen (Kanalstraße) liegen mit dem Riverboat und dem Cargo zwei weitere umgestaltete Schiffe, die ein Restaurant und eine Diskothek beherbergen.

46 Das Triumphkreuz im Dom

Maria Magdalena und der Bischof

Der Lübecker Dom wurde im Jahr 1173 von keinem Geringeren als Heinrich dem Löwen gestiftet und rund 70 Jahre später fertiggestellt. Trotz weitreichender Zerstörung durch den Bombenangriff in der Palmsonntagnacht 1942 sind wichtige Kunstschätze wie der Passionsaltar, die Seitenaltäre, zwei Marienfiguren und das Triumphkreuz erhalten geblieben. Letzteres ist erst im 14. Jahrhundert durch Albert II. Krummendiek gestiftet worden, der zugleich amtierender Bischof im Dom war. Er schenkte der Kirche damit nicht nur ihren bedeutendsten Kunstschatz, sondern setzte zugleich sich selbst ein Denkmal. Wie es bei Triumphkreuzen häufig der Fall ist, wird die Darstellung des am Kreuz hängenden Jesus von weiteren Figuren flankiert. In diesem Falle sind es Adam und Eva, die ganz außen etwas erhöht positioniert sind. Unter dem Kreuz stehen die trauernde Maria sowie Jesus' »Lieblingsjünger« Johannes. In kniender Position und einander zugewandt, werden Maria Magdalena und Bischof Krummendiek dargestellt. Der offiziellen Version nach soll dies die Vergebung symbolisieren, die der Sünderin widerfuhr. Die einander zugewandte Haltung führte jedoch auch zu der Interpretation, dass die Frauenfigur in Wirklichkeit die Geliebte des Bischofs darstellen sollte.

Gestaltet wurde das Triumphkreuz, das zu den bedeutendsten mittelalterlichen Kunstwerken der Hansestadt zählt, in der Werkstatt des Lübecker Künstlers Bernt Notke. Im 15. Jahrhundert war er in ganz Nordeuropa bekannt und galt als der bedeutendste Maler und Werkstattleiter im Ostseeraum. Es konnte ihm aber erst im 20. Jahrhundert zugeordnet werden. Nach den Zerstörungen des Zweiten Weltkriegs wurde die Plastik in den 1970er Jahren fachgerecht saniert. In einem Finger versteckt fand man dabei den Werkstattzettel Notkes.

Adresse Domkirchhof, 23552 Lübeck, www.domzuluebeck.de | ÖPNV Bus 1, 2, 4, 6, 7, 9, 15, 16, 17, Haltestelle Fegefeuer | Öffnungszeiten April–3. Okt. 10–18 Uhr, 4. Okt.–31. Okt. 10–17 Uhr, Nov.–März 10–16 Uhr | Tipp Im Glockenturm befindet sich eine moderne Dauerausstellung zur Geschichte des Doms und zu den Zerstörungen nach Palmarum 1942.

47 Die Wallanlagen

Früher zum Schutz, heute zur Erholung

Wie es sich für eine mittelalterliche Stadt gehörte, war Lübeck von einer Stadtmauer mit vier Stadttoren umgeben. Dieser inneren Befestigung vorgelagert wurde im 17. Jahrhundert ein sternförmiges Bastionärsystem aus Festungswällen und Gräben errichtet. Im frühen 19. Jahrhundert begann der sukzessive Abbau der Befestigungsanlage. Dennoch ist südlich und westlich der Altstadt die ehemalige Struktur der Wallanlagen – insbesondere aus der Luft oder auf Stadtplänen – noch sehr gut erkennbar.

Gut für Lübeck. Denn so erstreckt sich vom Mühlenteich, vorbei am Buniamshof, bis hin zum Stadtgraben ein innerstädtischer Grüngürtel. Entlang der Wallstraße, auf mehreren (Halb-)Inseln, die von Wasser begrenzt sind, ist er ein wichtiger Naherholungsbereich für die Bewohner der angrenzenden Viertel. In den Wallanlagen wird selbstverständlich täglich spaziert, gejoggt, gewalkt, geradelt, Gassi gegangen oder auch mal eine Partie Minigolf gespielt. Aber nicht nur das. Im Stadion am Buniamshof wird regelmäßig Leistungsport betrieben. Als größtes Leichtathletik-Stadion Schleswig-Holsteins finden hier teilweise nationale und internationale Wettkämpfe statt. Außerdem ist es Heimspielstadion der American-Football-Mannschaft der Lübeck Cougars.

In direkter Nachbarschaft zum Stadion werden die jüngsten Lübecker in ihrer Freizeit gut unterhalten. Denn seit 1927 befindet sich hier die Freilichtbühne, die jeden Sommer ein Kindertheaterstück zur Aufführung bringt. Zu Gast sind hier auch die Lübecker Sommeroperette sowie Künstler und Bands, die Musikkonzerte unterschiedlicher Genres unter freiem Himmel geben.

Keine Frage, die Wallanlagen stellen ein Stück Lebensqualität für Lübeck dar, das es zu erhalten gilt. Bislang sind es nur die der Altstadt zugewandten Uferbereiche, die sich Investoren für eine hochpreisige Wohnbebauung sichern konnten. Hoffentlich bleibt es dabei.

Adresse Wallstraße (zwischen Mühlenbrücke und Possehlstraße), 23560 Lübeck | **ÖPNV** Bus 1, 2, 4, 6, 7, 9, 15, 16, 17, Haltestelle Stadthalle | **Tipp** Ganz viel Wissenswertes über die heimische Natur erfährt man im Museum für Natur und Umwelt (Musterbahn 8).

48__Die Walli

Die alternative Institution

Was 1978 als Gegenentwurf – also als Alternative – zum bürgerlichen Establishment gegründet wurde, ist heute ein fester Bestandteil des Lübecker Kulturlebens geworden. Allein zum Geburtstag der »Walli«, der jedes Jahr am 1. Mai mit einem großen Familienfest gefeiert wird, kommen jährlich unzählige Besucher auf das Gelände auf der Wallhalbinsel. Fast könnte man sagen, die Walli ist vom linken Rand in die Mitte gerückt. Und dennoch ist sie ihren Prinzipen seit rund 40 Jahren treu geblieben: basisdemokratisch, unabhängig, vielfältig und offen. Ein Kulturzentrum, das keine finanziellen Hilfen erhält und nur durch ehrenamtliche Helfer betrieben wird. Damit ist sie eines der ältesten selbstverwalteten Zentren in Deutschland.

Unter dem Dach des Alternative e.V. sammeln sich verschiedene Projekte, wie das Treibsand, in dem an den Wochenenden Konzerte unterschiedlichster Stilrichtungen stattfinden. Oder das Café Brazil, mit ruhiger Atmosphäre, vegetarischem Essen und alkoholfreien Getränken, das täglich von vielen Stammgästen besucht wird. Im Infoladen können Bücher, Zeitungen, Zeitschriften und Informationsmaterial vor Ort gelesen werden, wobei hier der Schwerpunkt nach wie vor im alternativen und linksorientierten Bereich liegt. Denn auch wenn sie offen ist für jeden, der sie besuchen möchte – die Walli ist und bleibt ein linksalternatives Zentrum.

Doch genau das passt nicht jedem. Gerade als die Alternative mit den Vorbereitungen für die Maifeier zum 25. Geburtstag beginnen wollte, ereilte sie die Nachricht, dass die neu gewählte CDU-Bürgerschaftsmehrheit den 2005 auslaufenden Mietvertrag nicht verlängern wollte. Das »Filetgrundstück« auf der Wallhalbinsel würde für ein neues Messezentrum beziehungsweise dessen Parkplatz benötigt. Schnell regte sich Protest, der von so vielen Lübeckern unterstützt wurde, dass dieses Thema bald vom Tisch war. Die Walli bleibt!

Adresse Willy-Brandt-Allee 9, 23554 Lübeck | **ÖPNV** Bus 3, 12, 30, 32, 40, Haltestelle Beckergrube | **Tipp** Direkt gegenüber der Walli liegt die Musik- und Kongresshalle, die mit rund 350 Veranstaltungen jährlich weit über die Grenzen Lübecks hinaus bekannt ist. Gleichzeitig ist sie die Hauptspielstätte des Philharmonischen Orchesters der Hansestadt.

49 Der Weinhandel Tesdorpf

Heimat des Rotspons

Wer die »Buddenbrooks« gelesen hat, dem ist vielleicht noch der benachbarte Weinhändler Kistenmaker, Schulfreund und Testamentsvollstrecker von Thomas Buddenbrook, in Erinnerung. Und wer die Mengstraße vom Buddenbrookhaus ein paar hundert Meter hinabgeht, findet das traditionsreiche Weinhandelshaus Carl Tesdorpf, das die Vorlage dafür geliefert hat: Krafft Tesdorpf war der Vormund Thomas Manns, nachdem dessen Vater verstorben war. Zu diesem Zeitpunkt existierte der Weinhandel Tesdorpf seit mehr als 200 Jahren, während deren drei Familienmitglieder als Bürgermeister die Entwicklung der Stadt mitbestimmten.

Doch zurück zum Wein. 1678 war es Peter Hinrich Tesdorpf, der das Unternehmen gründete und Weine aus dem Bordelais und dem Burgund importierte. Wie einige andere Weinhändler in Lübeck und anderen Hansestädten transportierte er die Rotweine in hochwertigen Bariquefässern aus Eichenholz und lagerte sie darin bis zur Flaschenreife. Oftmals wurden die Weine mehrerer Weingüter fachkundig verschnitten. Durch diesen Prozess erhielten die Rotweine einen neuen Charakter, sodass selbst Bordelaiser Winzer ihre eigenen Weine nicht wiedererkannt haben sollen. So gewann der Rotspon, der bereits seit dem 13. Jahrhundert gehandelt wurde, ab dem 16. Jahrhundert zunehmend an Bedeutung. Die Überlieferung besagt, dass den Truppen Napoleons während der Belagerung die Lübecker Weine sogar besser geschmeckt haben sollen als die aus der Heimat.

Mit seiner über 300-jährigen Tradition ist Tesdorpf das älteste Weinhandelshaus Deutschlands. Und auch wenn es mittlerweile zu einem Großkonzern gehört, wird das Unternehmen in Lübeck noch immer von einem Nachfahren des Firmengründers geführt. Das schöne Kaufmannshaus, in dem es untergebracht ist, ist aber nicht der Originalstandort des Weinhauses. Es ist im Laufe der Jahrhunderte insgesamt viermal innerhalb der Mengstraße umgezogen.

Adresse Mengstraße 64, 23552 Lübeck, www.tesdorpf.de | **ÖPNV** Bus 3, 12, 30, 32, 40, Haltestelle Beckergrube | **Öffnungszeiten** Mo–Fr 10–19 Uhr, Sa 10–16 Uhr | **Tipp** Stil- und geschmackvoll, mit einem Hauch Dänemark, geht es im Café Frøken Wildhagen (Beckergrube 90) zu.

50 Der Weite Lohberg

Vorgartenidylle in der Altstadt

Pittoreske Gassen gibt es in der Innenstadt so einige. Es ist kaum möglich, darunter die schönste zu küren. Es gibt aber eine, die ist auf ihre Weise ganz besonders. Der Weite Lohberg. Wenn man vom Langen Lohberg kommend hineingeht, fällt es sofort ins Auge: Hier ist es grüner als in anderen Gassen der Altstadt. Die Straße ist beidseitig gesäumt von Birken.

Wenngleich Lübeck insgesamt eine Stadt ist, die mit reichlich Natur und ausgedehnten Stadtwäldern gesegnet ist, so findet man im öffentlichen Raum der Altstadt nur recht wenige Bäume, was der historischen Struktur geschuldet ist. Und so ist der Weite Lohberg mit seinen Baumreihen etwas ganz Besonderes – aber nicht einzigartig. Auch ein paar andere Straßen, wie beispielsweise die Hartengrube, haben Bäume zu bieten.

Was den Weiten Lohberg aber wirklich einzigartig und so besonders hübsch macht, sind seine Vorgärten. Die gibt es wirklich nur hier zu finden. In allen anderen Altstadtgassen und Straßen befinden sich die Häuserfronten direkt an den Gehwegen, wie es im Mittelalter üblich war. Im Weiten Lohberg hingegen hatten die Lohgerber, die der Straße auch ihren Namen gaben, ihre Häuser. Sie waren spezialisiert auf das Gerben von Rinderhäuten, die zu kräftigem Leder für Schuhsohlen, Stiefeln oder Satteln verarbeitet wurden. Sie nutzten den Platz vor ihren Häusern, um dort die Lohe, die sie für ihre Arbeit benötigten, zu lagern. Das waren Rinden und Blätter von Fichten oder Eichen, die besonders gerbstoffreich sind.

Dass die 170 Meter lange Straße ab der Ecke Wakenitzmauer bis zur Kanalstraße diese Struktur nicht mehr aufweist, liegt daran, dass der Weite Lohberg ursprünglich nur bis zu dieser Kreuzung reichte. Entlang der Wakenitzmauer verlief einst die Stadtmauer, und jenseits davon befanden sich bis zum Bau des Elbe-Lübeck-Kanals zum Ende des 19. Jahrhunderts die sumpfigen Ausläufer der Wakenitz.

Adresse Weiter Lohberg, 23552 Lübeck | **ÖPNV** Bus 3, 4, 10, 11, 12, 21, 30, 31, 32, 39, 40, Haltestelle Große Burgstraße | **Tipp** Wer als Besucher nach Lübeck kommt, kann hier seine Basisstation einrichten. Das Boardinghouse Refugium (Weiter Lohberg 2) bietet fünf gemütliche Apartments.

51 Der Werkhof

Ein Haus für nachhaltige Ideen

Eine solidarische Gemeinschaft, in der die einzelnen Mitglieder gleichberechtigt sind und sich bei Bedarf gegenseitig unterstützen. Und ein Ort, an dem sich Gewerbetreibende und Projekte zusammenfinden, denen ökologische und soziale Prinzipien wichtiger sind als Profit. Das ist der Werkhof.

Die Idee für ein solches Haus entstand 1987. Nach Gründung eines Trägervereins sowie fünfjähriger Planungs- und Realisierungsphase konnte es als Zentrum für alternative Arbeits- und Lebensformen eröffnet werden. Mitbegründer und Mieter der ersten Stunde war die EVG Landwege, die hier ihren ersten Mini-Bioladen eröffnete. Er musste aber nach einigen Jahren umziehen, da das Geschäft aus allen Nähten platzte.

Heute findet man hier beispielsweise ein Naturkosmetikgeschäft, einen Laden für ökologische Baustoffe, ein vegetarisches Bistro, ein Rucksackhotel, eine CarSharing-Geschäftsstelle und weitere Partner. Für viele der Mieter ist ein wirtschaftlicher Betrieb nur möglich durch die besondere Konzeption des Werkhofs, bei dem sich mehrere kleine Partner zu einem größeren Trägerverein zusammengeschlossen haben.

Im Inneren ist die ehemalige Industriehalle atriumartig angelegt: An den Seiten sind die Läden auf zwei Etagen angeordnet, der große Raum in der Mitte ist bis unter das Dach offen, die oberen Geschäfte werden über eine Empore erschlossen. Diese zentrale Halle ist ein Veranstaltungsraum, der bis zu 400 Personen Platz bietet. Hier gaben sich schon Ingo Appelt oder Götz Alsmann die Ehre. Die Saalmiete trägt dazu bei, den Trägerverein zu stützen. Die Einahmen werden aber auch verwendet, um bei Benefizveranstaltungen die Betriebskosten zu finanzieren. So stehen hier beispielsweise jedes Jahr die Absolventen der Lübecker RockPop-Schule auf der Bühne. Theateraufführungen und Seminare runden die Bandbreite der Veranstaltungen in diesem soziokulturellen Zentrum ab.

Adresse Kanalstraße 70, 23552 Lübeck, www.werkhof-luebeck.de | **ÖPNV** Bus 15, Haltestelle An der Falkenwiese | **Öffnungszeiten** Café und Halle Mo–Sa 9–23 Uhr, So 9–22 Uhr, Shops kürzer | **Tipp** Einen Besuch sollte man auch der Essigfabrik (Kanalstraße 26–28) abstatten. In der ehemaligen Industriehalle befinden sich eine Galerie mit Bistro und Veranstaltungsräume sowie kunsthandwerkliche Angebote.

52 Das Willy-Brandt-Haus

Erinnerung an einen großen Lübecker

Thomas Mann, Willy Brandt, Günter Grass. Drei Nobelpreisträger, zwei davon in Lübeck geboren, einer eng mit der Stadt verbunden. Und jedem davon wurde ein eigenes Haus als Museum beziehungsweise Gedenkstätte gewidmet. Das jüngste davon ist das des Friedensnobelpreisträgers Willy Brandt, der im Jahr 1913 als Herbert Frahm geboren wurde.

Die Idee, das Haus in der Nachbarschaft des Günter-Grass-Hauses zu errichten, stammt von dem Schriftsteller selbst. Mit dem Haus in der Königstraße 21 wurde ein würdiger Ort geschaffen, um an das Lebenswerk Brandts zu erinnern. Ein vornehmes Patrizierhaus im Rokoko-Stil, zentral gelegen, mit großzügigen Räumlichkeiten. Das Haus steht im Gegensatz zu den ärmlichen Verhältnissen, in denen Herbert Frahm im Arbeiterviertel St. Lorenz aufgewachsen ist. Doch da hier nicht nur das politische Vermächtnis Willy Brandts gewürdigt wird, sondern das Haus auch ein Bildungs- und Lernort für Kinder und Jugendliche ist, schließt sich der Kreis zum Leben des Nobelpreisträgers wieder. Denn durch den Besuch einer höheren Schule – Brandt war Schüler des Johanneums – und sein politisches Interesse und Engagement ist ihm der Weg vom Arbeiterkind zum Bundeskanzler gelungen.

Genau deshalb ist die Dauerausstellung zu seinem Leben so spannend, hat Brandt doch nahezu alle politischen Ereignisse des 20. Jahrhunderts miterlebt und dabei seine Spuren hinterlassen. Angefangen von der Weimarer Republik, während der er unter Julius Leber politische Texte publizierte. Über seine Amtszeit als Berlins Regierender Bürgermeister, während der Kennedy seine berühmte Rede vor dem Rathaus Schöneberg hielt. Bis hin zu seiner Annäherungspolitik als Bundeskanzler, die als Wegbereitung für den Zusammenbruch des Ostblocks und die Wiedervereinigung gesehen wird. Die Ausstellung beinhaltet viele Multimedia-Angebote, auch um das jüngere Publikum zu begeistern.

Adresse Königstraße 21, 23552 Lübeck, www.willy-brandt.de | **ÖPNV** Bus 4, 10, 11, 21, 31, 39, Haltestelle Katharineum | **Öffnungszeiten** Jan.–März Di–So 11–17 Uhr, April–Dez. Di–So 11–18 Uhr | **Tipp** In der Nähe liegt das Günter-Grass-Haus (Glockengießerstraße 21), dessen Innenhof an das Willy-Brandt-Haus grenzt. Die Beziehung beider Persönlichkeiten wird in einer gemeinsamen Führung durch beide Häuser dargestellt.

53_Der Wurst-Maxe

Mobile Wursttradition seit mehr als 80 Jahren

Schon von Weitem leuchtet sie den hungrigen Nachtschwärmern entgegen: die knallrote mobile Würstchenbude auf dem Kohlmarkt. Mit der gelben Aufschrift »Wurst-Maxe« verheißt sie Erlösung für alle, denen nach einem ausgedehnten Kneipenabend oder einer durchtanzten Nacht der Magen in den Kniekehlen hängt. Seit den 1930er Jahren ist die Würstchenbude eine Institution in der Lübecker Altstadt. Doch als der Kohlmarkt 2011 umgestaltet wurde, sollte die Bude weichen, da sie angeblich die Bauarbeiten behinderte.

Der Aufschrei unter den Stammgästen war groß, die Stadt hatte ein Einsehen, und der Wurst-Maxe durfte bleiben. Er musste nur für ein paar Monate seine Öffnungszeiten einschränken. Eine harte Zeit, nicht nur für das ausgehungerte Partyvolk. Auch für diejenigen, die nachts auf der Straße unterwegs sein müssen – weil sie auf Streife sind, auf den nächsten Fahrgast warten oder von einem Rettungseinsatz zurückkommen. Eine frische Bratwurst gehört für viele zum Pflichtprogramm, um die Nacht durchzustehen.

Genau wegen dieser Stammgäste ist die Bude seit über 80 Jahren so erfolgreich. Zu Beginn war es noch ein Bauchladen, mit dem Wurst-Maxe-Begründer Wilhelm Rönnpage durch die Altstadt zog. Sein Sohn, der 1956 die Wurstbraterei übernahm, installierte den Verkaufsstand auf dem Kohlmarkt, vor der damaligen Handelsbank. Seit 2014 steht Jörg Haase donnerstags bis samstags hinter dem Tresen, grillt Bratwürste, zerkleinert Currywürste, belegt Hotdogs. Je nach Nachfrage auch mal bis vier Uhr morgens. Er hatte als Stammgast schon lange ein Auge auf die Würstchenbude geworfen und schlug zu, als sein Vorgänger sich nach 13 Jahren aus persönlichen Gründen zurückzog. Schließlich sind die Personen und Gespräche, die man spätabends trifft und führt, oft sehr speziell. Da kommt auch schon mal eine Vegetarierin vorbei und bestellt ein Hotdog ohne Würstchen.

Adresse Kohlmarkt, 23552 Lübeck, www.luebecker-wurst-maxe.de | ÖPNV Bus 1, 2, 5, 6, 7, 9, 15, 16, Haltestelle Kohlmarkt; Bus 5, 10, 11, 21, 31, 39, Haltestelle Wahmstraße; Bus 1, 2, 4, 6, 7, 9, 15, 16, 17, Haltestelle Sandstraße | Öffnungszeiten Do 21–2 Uhr, Fr–Sa 21–3 Uhr | Tipp Auf dem Rathausmarkt findet montags und donnerstags von 10.30 bis 19 Uhr der Wochenmarkt statt.

54 Das Zeughaus

Refugium einer heimatlosen Sammlung

Es ist schon tragisch! Da besitzt eine Stadt eine Völkerkundesammlung mit über 26.000 Exponaten von allen Kontinenten der Erde. Eine Sammlung, die in mehr als 300 Jahren zusammengetragen wurde, die Teil der Lübecker Identität ist, da sie viel über die Handelsbeziehungen der Hansestädter in die ganze Welt aussagt … und man kann sie nicht sehen. Im Lübecker Zeughaus wird sie gelagert, magaziniert und ist nur zu Studien- und Forschungszwecken zugänglich. Einst existierte ein ansehnliches Museum am Dom, in dem die Sammlung ausgestellt wurde. Doch dieses fiel dem Bombenangriff von 1942 zum Opfer. Nach einer Phase, in der die Sammlung an wechselnden Standorten gelagert und ausgeliehen wurde, konnte sie 1985 endlich wieder eigene Räumlichkeiten im restaurierten Zeughaus beziehen.

Ein denkbar passender Standort. Das Gebäude befindet sich, wie das einstige Völkerkundemuseum, ebenfalls in der Nähe des Doms. Und es hat, genau wie die Sammlung selbst, eine wechselvolle Geschichte hinter sich. Während das dreigeschossige Haus 1594 als Kornspeicher errichtet wurde, nutzte man es später – wie der Name verrät – als Lagerstätte für Waffen und Militärausrüstung. Die Nationalsozialisten machten es zu dem für den Norden zuständigen Hauptquartier der Gestapo. Nach Kriegsende wurde das Haus von der Polizei und dem Ordnungsamt genutzt – bis die Völkerkundesammlung einzog.

Doch die Mittel der Stadt waren knapp, und so wurde immer mehr am Etat der Völkerkundesammlung gekürzt und Personal eingespart. 2007 wurde der Museumsbetrieb gänzlich eingestellt. Es werden jedoch zeitweilig Sonderausstellungen aus dem Bestand in anderen Museen gezeigt. Ansonsten bleibt der Blick von außen auf das backsteinerne Zeughaus im Stil der niederländischen Renaissance, mit Elementen aus Sandstein und einer figürlichen Darstellung des Kriegsgottes Mars über dem Eingangsportal geschmückt.

Adresse Parade 10/Großer Bauhof 14, 23552 Lübeck, www.die-luebecker-museen.de | **ÖPNV** Bus 1, 2, 4, 6, 7, 9, 15, 16, 17, Haltestelle Fegefeuer | **Tipp** Direkt neben dem Zeughaus befindet sich das Haus der Kulturen, eine interkulturelle Begegnungsstätte mit vielen Kurs- und Beratungsangeboten.

55 Das Zöllnerhaus

Residenz einer mutigen Frau

Schriftstellerin, Verlegerin, Kulturförderin – und Rebellin. Ida Boy-Ed war eine Frau, die sich gesellschaftlichen Konventionen widersetzte und damit erfolgreich sein sollte. 1852 als Tochter von Christoph Marquard Ed, dem Verleger der anerkannten Eisenbahn-Zeitung, geboren, wuchs sie in einem gebildeten und liberalen Haus auf. Früh entdeckte sie ihr Talent als Autorin. Durch die Hochzeit mit dem aus einer Lübecker Kaufmannsfamilie stammenden Carl Johann Boy sah sie sich mit einem Mal einer großbürgerlichen Engstirnigkeit ausgesetzt. Als der Ehemann ihr das Schreiben verbot, flüchtete sie mit dem ältesten Sohn nach Berlin. Doch die Honorare des Berliner Tageblatts reichten nicht für den Aufbau einer Existenz aus. Ida Boy-Ed kehrte nach Lübeck und zu ihrem Mann zurück – vor allem wegen ihrer vier Kinder.

Doch die 28-Jährige dachte nicht daran, in die erwünschte Rolle als stille Hausfrau zu schlüpfen. Sie schrieb weiter, wurde anfangs kritisiert und ausgegrenzt, konnte sich aber nach und nach als Schriftstellerin etablieren.

Als die Firma ihres Mannes im Jahr 1900 bankrottging, war sie gewillt, die Familie mit ihrer Tätigkeit zu ernähren. Sie schrieb wie eine Besessene, sodass ihr Werk zu ihrem Lebensende über 70 Bücher und Erzählbände umfasste. Zu dem kamen noch Kritiken und Aufsätze in Zeitungen. Und sie wurde zur Förderin junger Künstler wie Thomas Mann, der nach den »Buddenbrooks« anfangs in Lübeck als Nestbeschmutzer geächtet wurde.

Als Dank für ihre Verdienste in der Kulturlandschaft der Stadt erhielt Ida Boy-Ed zu ihrem 60. Geburtstag ein Ehrenwohnrecht im ehemaligen Zöllnerhaus neben dem Burgtor. Das hübsche Backsteingebäude, das im 16. Jahrhundert im Stil der Renaissance erbaut wurde, sollte bis zu ihrem Tod ihr Zuhause bleiben. 1952 wurde ihr zu Ehren der Straßenabschnitt zwischen Wakenitzmauer und Burgtorbrücke in Ida-Boy-Ed-Garten umbenannt.

Adresse Große Burgstraße 5, 23552 Lübeck | ÖPNV Bus 3, 4, 10, 11, 12, 21, 30, 31, 32, 39, 40, Haltestelle Große Burgstraße | Tipp Im Zöllnerhaus befindet sich heute eine Handwebereiwerkstatt. Eine Besichtigung des Hauses oder eine Werkstattführung kann unter info@ruth-loebe.de oder Tel. 0451/75929 vereinbart werden.

56 Das Forsthaus Waldhusen

Frischer Wind in alten Mauern

Gehobene Küche im Restaurant oder eine lockere Auszeit im Biergarten. Im Forsthaus Waldhusen ist beides möglich. Doch bevor der Gastronomiebetrieb im Sommer 2013 seine Pforten öffnen konnte, war eine umfassende Sanierung des Hauses notwendig, die ganze fünf Jahre Zeit benötigte. Schließlich hatte die denkmalgeschützte Reetdachkate zum damaligen Zeitpunkt bereits 243 Jahre auf dem Buckel. Seit ihrem Bau im Jahr 1765 war sie der Wohn- und Dienstsitz von insgesamt 14 Forstleuten. Als 2006 der letzte hier lebende Förster Hans-Rathje Reimers auszog, war es das älteste in Betrieb stehende Forsthaus Deutschlands.

Während der Jahrhunderte wechselten die Organisationsstrukturen und Zuständigkeitsbereiche der in Waldhusen ansässigen Forstverwaltung mehrfach zwischen klösterlicher Oberförsterei und städtischer Revierförsterei. Während vorher lediglich ein Holzvogt ansässig war, der Holzdiebstahl und Rodungen verhindern sollte, waren ab 1806 ausgebildete Förster damit beschäftigt, waldwirtschaftliche Maßnahmen im Waldhusener Forst umzusetzen. Außerdem erfolgte die Umgestaltung vom Herrschaftswald zum Erholungswald. Ab 1994 wurde in Waldhusen, wie im Rest des Lübecker Stadtwalds, eine naturnahe Waldnutzung umgesetzt, die auch nach ökologischen Richtlinien zertifiziert ist.

Und auch ein prominenter Lübecker kehrte im Forsthaus Waldhusen eine Zeit lang regelmäßig ein: Der Lyriker Emanuel Geibel war ein guter Freund von Carl Hermann Haug, der von 1840 bis 1875 Oberförster in Waldhusen war und als Hobbyarchäologe das Hünengrab im Waldhusener Forst entdeckte. Noch heute erinnert im Forsthaus das Geibel-Zimmer daran, dass der Dichter hier regelmäßig seine Sommerfrische verbrachte. Denn trotz der neuen Nutzung als Restaurant soll die Geschichte des Hauses weiterhin präsent bleiben. Wofür auch die »Ahnengalerie« der ehemaligen Förster in Waldhusen sorgen soll.

Adresse Waldhusener Weg 30, 23569 Lübeck, www.das-forsthaus.de | **ÖPNV** Bus 31, 39, Haltestelle Friedhof Waldhusen | **Öffnungszeiten** Di–Fr 17–23 Uhr, Sa und So 11.30–23.30 Uhr, im Sommer täglich geöffnet | **Tipp** Am Waldhusener Weg beginnt ein sechs Kilometer langer archäologisch-naturkundlicher Rundwanderweg.

57_Die Geschichtswerkstatt Herrenwyk

Als Lübeck noch qualmte

Flenderwerft, Hochofenwerk, Kohlekraftwerke, Maschinenbauunternehmen – die am Nordufer der Trave gelegenen Ortsteile Herrenwyk und Siems boomten im Zeitalter der Industrialisierung. Die drei Hochöfen verliehen der Silhouette des Traveufers ein gewisses »Ruhrpottflair«. Gleichzeitig war die 1905 gegründete Hochofenwerk Lübeck AG, die zwei Jahre später den Betrieb aufnahm, einst der größte Arbeitgeber Lübecks. 1981 ging das Unternehmen in Konkurs. Genauso erging es früher oder später allen anderen in Herrenwyk und Siems ansässigen Industrieunternehmen. Als Letztes erwischte es die Flenderwerft, die im Jahr 2002 Konkurs anmelden musste.

Doch die industrielle Geschichte des Ortes ist auch heute noch sichtbar – in dem ehemaligen werkseigenen Kaufhaus der Metallhütte Lübeck, wie das Hochofenwerk ab 1954 hieß. Dort wurde das Industriemuseum »Geschichtswerkstatt Herrenwyk« eingerichtet. In zwei Dauerausstellungen widmet es sich den Lebens- und Arbeitsbedingungen in den 20er und 30er Jahren sowie dem Einsatz von Zwangsarbeitern während des Zweiten Weltkriegs in Lübeck. Zudem gibt es eine Dauerausstellung zur Unternehmensgeschichte der Flenderwerft. So wird zusammen mit zwei bis drei thematisch passenden Sonderausstellungen pro Jahr ein ganz eigenes Kapitel der Lübecker Wirtschaftsgeschichte aufgearbeitet und präsentiert. Zuvor waren es jahrhundertelang internationale Handelsbeziehungen, die die Stadt prägten. Und auch heute noch ist der Hafen einer der größten Arbeitgeber Lübecks. Auch die ehemaligen Industrieflächen in Herrenwyk und Siems werden heute von der Hafenwirtschaft genutzt, sodass nichts mehr an die einstige industrielle Geschichte der Ortsteile erinnert. Wäre da nicht das kleine, aber feine Museum am authentischen Ort in der ehemaligen Kaufhalle …

Adresse Kokerstraße 1–3, 23569 Lübeck, www.geschichtswerkstatt-herrenwyk.de | ÖPNV Bus 32, 33, Haltestelle Herrenwyk | Öffnungszeiten Fr 14–17 Uhr, Sa und So 10–17 Uhr | Tipp Im angrenzenden Ortsteil Dänischburg ist der Industriewandel gelungen. Auf dem ehemaligen Villeroy-&-Boch-Gelände ist das LUV Shopping-Center (Dänischburger Landstraße 81) entstanden.

58 St. Nikolai

Die Do-it-yourself-Kirche

Die jüngste Lübecker Kirche ist zugleich auch die älteste der Stadt. Denn St. Nikolai wurde erst 2007 erbaut, ist aber das Replikat einer norwegischen Stabkirche aus dem Jahr 1170. So alt ist nur noch St. Petri. Gleichzeitig ist sie mit ihren 40 Quadratmetern das kleinste Gotteshaus der Stadt, das auch noch von den jüngsten Bauarbeitern errichtet wurde. Sie ist nämlich Teil des Bauspielplatzes Roter Hahn. Hier haben Kinder und Jugendliche die Möglichkeit, unter fachmännischer Anleitung zu bauen, zu gärtnern, altes Handwerk zu betreiben oder sich um die hier lebenden Nutztiere zu kümmern. Es wird aber auch gebastelt, gemalt und vieles mehr. Seit 1999 gibt es diesen Geschichtserlebnisraum, in dem Kindern und Jugendlichen die Fertigkeiten und Lebensweisen aus dem Mittelalter sowie Techniken aus der Steinzeit nähergebracht werden.

Von Anfang an war ein wichtiger Bestandteil des Konzepts, dass besondere Bauprojekte gemeinsam mit den jungen Menschen realisiert werden. So sind unter anderem bereits ein wikingerzeitliches Langhaus, ein slawisches Blockhaus und eine Schmiede fertiggestellt worden.

Ein besonders großes Projekt ist die Errichtung einer frühmittelalterlichen Klosteranlage in mehreren Bauabschnitten. Mit der Klosterkirche St. Nikolai wurde das erste Gebäude der Anlage fertig. Die Wandstabskirche wurde aus Eichenholz, das in der Region gewachsen ist, erbaut. Die schmiedeeisernen Türbeschläge wurden auf dem Bauspielplatz gefertigt. Für den Bau wurde das norwegische Vorbild gewählt, da es von frühmittelalterlichen Holzkirchen in Norddeutschland nur archäologische Funde gibt.

St. Nikolai ist aber nicht nur ein handwerklicher Lernort, sondern gleichzeitig eine richtige Kirche, die bei einem Gottesdienst im Februar 2008 unter Beisein der Lübecker Bischöfin geweiht wurde und seitdem für Taufen, Trauungen und kirchliche Feste genutzt wird.

Adresse Pommernring 58, 23569 Lübeck, www.geschichtserlebnisraum.de | **ÖPNV** Bus 31, 33, 39, Haltestelle Tilsitstraße | **Öffnungszeiten** Di – Fr 13 – 18 Uhr, zu Veranstaltungen (siehe Internet) und nach Vereinbarung | **Tipp** Nicht weit vom Bauspielplatz entfernt steht die älteste Bauernkate Lübecks (Hirtenbergweg 17).

59 Die Stülper Huk

Ein Paradies – nicht nur für Lämmer

Wenn man für einen Abstecher nach Travemünde das Auto nimmt, fährt man auf der Bundesstraße direkt an einem der schönsten Orte Lübecks vorbei. Das Dummersdorfer Ufer, also das nördliche Traveufer zwischen Herrenwyk und Ivendorf, bietet eine vielfältige Landschaft mit Steilküste und Stränden im Uferbereich sowie sanften Hügeln und Laubwald im Hinterland. Herzstück des Naturschutzgebietes ist die Stülper Huk – so bezeichneten die Seefahrer und Fischer die Landspitze, die gegenüber der Pötenitzer Wick in die Trave hineinragt. Eigentlich heißt sie Hirtenberg-Halbinsel, benannt nach dem hier liegenden baumlosen Hügel, der während der letzten Eiszeit entstanden ist. Ergänzt wird das malerische Bild dieser Landschaft durch den kleinen See, der auf der Halbinsel liegt, und natürlich die Schafe, die hier regelmäßig grasen und für die das Dummersdorfer Ufer bekannt ist. Dass die Tiere sich auf den sanften Uferhügeln satt essen dürfen und sollen, hat einen rein praktischen Nutzen. Durch die Beweidung kann die schützenswerte strauchlose Landschaftsform erhalten werden, was der Landschaftspflegeverein durch Rodung von Hand nicht finanzieren könnte.

Doch auf der Stülper Huk ging es nicht immer so ruhig und naturbelassen zu. Schon in der Steinzeit besuchten Menschen die Halbinsel, wie archäologische Funde vermuten lassen. Im 12. Jahrhundert ließ Heinrich der Löwe den Hügel mit einer Burg befestigen. Schließlich war die exponierte Lage an der Trave, weit vor den Stadttoren, strategisch sehr günstig, besonders weil der Hügel damals nur über einen schmalen Zugang verfügte. Doch slawische Stämme zerstörten die Burg schon drei Jahrzehnte nach ihrer Fertigstellung.

Ein Gedenkstein an der Stülper Huk weist darauf hin, dass dieser Ort als Alt-Travemünde identifiziert wurde. Denn im Mittelalter wurde die Pötenitzer Wiek als Endpunkt – also Mündung – der Trave gesehen.

Adresse Hirtenbergweg, 23569 Lübeck | ÖPNV Bus 32, Haltestelle Hirtenbergweg, von dort circa 3 Kilometer Fußweg | Tipp Am Resebergweg 11 hat der Landschaftspflegeverein Dummersdorfer Ufer seine Station. Hier gibt es viele ökologisch-naturpädagogische Angebote.

60 Die Friedhofseiche Genin

Der letzte Käfer seiner Art

Die ehemalige Geniner Dorfkirche St. Georg und der dazugehörige Friedhof sind aus mehrerlei Hinsicht sehr bemerkenswert. Gleich nach dem Betreten des Friedhofsgeländes spürt man die außergewöhnliche Ruhe, die dieser Ort ausstrahlt. Selbst der Verkehr der angrenzenden Geniner Dorfstraße erscheint plötzlich ganz weit weg zu sein. In der Mitte des Friedhofs befindet sich die mehr als 700 Jahre alte backsteingotische Kirche. Sie allein wäre schon einen Besuch wert, doch vielleicht noch beeindruckender sind die vier mächtigen Eichen, die hinter dem Kirchenschiff wie in einem Halbkreis angeordnet sind. Die mehr als 300 Jahre alten Bäume haben einen Stammumfang von bis zu sechs Metern und sollen die ältesten Eichen in Lübeck sein.

Die Eichen stehen unter besonderem Schutz gemäß der europäischen Flora-Fauna-Habitat-Richtlinie. Und das wegen eines schwarzbraun gefärbten Käfers, den man aufgrund seiner Nachtaktivität kaum zu Gesicht bekommt. Heldbock ist der Name des Krabblers, der zwischen 24 und 53 Millimetern groß wird und damit einer der größten Käfer Mitteuropas ist. Am liebsten macht es sich der Große Eichbock, wie er auch genannt wird, in allein stehenden und sonnenverwöhnten Stiel- oder Traubeneichen gemütlich. Und obwohl dies die in Europa am weitesten verbreitete Eichenart ist, ist der Heldbock sehr selten geworden und in Deutschland gar vom Aussterben bedroht. In Schleswig-Holstein wäre er ganz und gar verschwunden, wenn da nicht diese vier Eichen auf dem Geniner Friedhof wären.

In einem dieser alten Bäume befindet sich die letzte Brutstätte des heimatverbundenen Käfers, der seinen Geburtsort nur sehr selten verlässt und sich höchstens auf Nachbarbäumen ansiedelt. Aus diesem Grund ist das gesamte Ensemble der alten Eichen geschützt. Schließlich soll sich der Heldbock auch in Zukunft an diesem Standort wohlfühlen.

Adresse Niederbüssauer Weg 3, 23560 Lübeck, www.kirche-genin.de | **ÖPNV** Bus 7, Haltestelle Genin | **Tipp** An der Niendorfer Straße in Moisling liegt der größte jüdische Friedhof Schleswig-Holsteins. Dieser kann im Rahmen von Führungen besichtigt werden (Ankündigung in der Presse).

61 Die ehemalige Grenze

Ein Gedenkstein seiner Zeit voraus

»Slut up« – Die Wahl des Schriftzugs für den Gedenkstein an der ehemaligen innerdeutschen Grenze ist so einfach wie genial: Es ist das altniederdeutsche Wort für Schlutup und bedeutet so viel wie »Schließ auf«. Diese in Stein gemeißelten Wörter zieren den Findling von beiden Seiten. Der gemeinnützige Verein Lübeck-Schlutup e.V. ließ ihn bereits 1956 als Mahnstein gestalten und direkt an der Straßensperre zwischen Schlutup und Selmsdorf aufstellen. So konnten auch die DDR-Grenzaufklärer die Aufforderung lesen.

Schon vier Jahre später sollten sie dieser nachkommen. An der bislang gesperrten Bundesstraße 104 wurde der nördlichste DDR-Grenzübergang eingerichtet. In der Nacht zum 1. März 1960 durfte der erste Pkw die innerdeutsche Grenze passieren. Doch viel Betrieb herrschte hier in den nächsten Jahrzehnten dennoch nicht. Lediglich die regelmäßigen Sondermülltransporte zur Deponie nach Schönberg, die aufgrund ihrer günstigen Preise von westeuropäischen Unternehmen gern genutzt wurde, sorgten in den 1980er Jahren für ein geringes Verkehrsaufkommen im verschlafenen Örtchen Schlutup.

Das änderte sich schlagartig am Abend des 9. November 1989, kurz nachdem SED-Politiker Günter Schabowski auf einer Pressekonferenz die neuen Regelungen für Reisende in den Westen verlas, die seines Wissens unverzüglich in Kraft treten würden. Das folgende Lauffeuer breitete sich auch in Norden der DDR schnell aus, und mit der Ruhe sollte es in Schlutup für lange Zeit erst einmal nichts mehr werden. In den ersten Tagen nach der Grenzöffnung reihte sich ein Trabbi an den nächsten, um sich durch die Schlutuper Ortsdurchfahrt zu zwängen.

Die Verantwortlichen des Lübeck-Schlutup e. V. konnten jedoch ihr Werk vollenden, das sie mehr als 30 Jahre zuvor voller Zuversicht begonnen hatten. Die Inschrift auf dem Stein, die bislang lautete »Getrennt – 1945–…«, wurde um »1989« ergänzt.

Adresse gegenüber der Mecklenburger Straße 12, 23568 Lübeck | **ÖPNV** Bus 12, Haltestelle Trave-Park | **Tipp** Auf der anderen Straßenseite befindet sich die Grenzdokumentationsstätte, in der eine informative Ausstellung zur Teilung und Wiedervereinigung zu sehen ist.

62 Der Kern des Fischerdorfs

Fischerromantik rund um die Kirche

Schlutup, der kleinste Stadtteil Lübecks, hat sich aus einem ehemaligen Fischerdorf entwickelt. Ende des 18. Jahrhunderts gab es in dem kleinen Ort 60 Fischereien. Überreste davon erkennt man heute noch am Hafen und den noch bestehenden Betrieben im alten Ortskern, wie der Fischräucherei Steffen. Rund um die Kirche finden sich schmale Gassen und alte Häuschen, die von der Geschichte erzählen. Auch der Kahn »Schlu.2a«, der auf der Wiese vor der Kirche steht, verdeutlicht die Tradition der Fischer in Schlutup. Es ist das letzte Fischerboot dieser Art, das 1965 in Schlutup gebaut wurde. Es diente dem Fang von Aalen und Heringen auf der Trave und war bis 1986 im Einsatz.

Dass der Kahn mittlerweile vor der Kirche seinen Platz gefunden hat, ist kein Zufall. Schließlich ist auch St. Andreas eng mit der Fischerei verbunden. Sie wurde 1436 als Fischerkirche erbaut und deshalb nach dem Apostel Andreas, der ein Fischer war, benannt. Das Kirchenschiff trägt in diesem Fall seinen Namen zu Recht, denn seine Maße entsprechen mit 22 Metern Länge und zwölf Metern Breite denen einer Hansekogge. Außerdem verjüngt sich der Baukörper nach Osten und Westen, sodass er einem Schiffsrumpf ähnelt.

Im 16. Jahrhundert wurde der Kirchturm hinzugefügt, wodurch diese Form von außen mittlerweile nicht mehr so deutlich erkennbar ist. Doch die Ausstattung des Gotteshauses mit mehreren Schiffsmodellen stellt die Verbindung wieder her. Unter den Fensterbildern, die Szenen aus der Bibel zeigen, ist auch ein Fischermotiv sowie die Figur des heiligen Andreas zu sehen.

Seit 1998 findet jedes Jahr Anfang Mai der »Ansegelgottesdienst« statt, der die maritime Saison in Schlutup einleitet. Wenn das Wetter mitspielt, wird dieser gern auch im Freien abgehalten.

Adresse Schlutuper Kirchstraße und drum herum, 23568 Lübeck | **ÖPNV** Bus 11, 12, Haltestelle Schlutup Markt | **Tipp** Unterhalb des alten Dorfkerns liegt die Marina Schlutup an der Trave, die mit ihren kleinen Yachten für ein maritimes Bild sorgt und zum Verweilen einlädt.

63_Das Depenmoor

Schaurig-schöne Künstlerinspiration

Unter den rund 4.600 Hektar Waldflächen, die zu Lübeck gehören, ist das Lauerholz mit seinen 960 Hektar das größte Waldgebiet. Überwiegend mit Laubbäumen bewachsen, findet man im Lauerholz auch noch 74 Hektar an Niedermoorflächen. Diese wurden einst genutzt, um Torf abzubauen, wodurch einige Moorseen entstanden. Da von ihnen jedoch Mückenplagen ausgingen, begann man 1912, die Standgewässer trockenzulegen. So sind heute nur noch das große und kleine Depenmoor sowie das Wesloer Moor als größere Moorseen erhalten.

Der schnellste Weg ins Depenmoor führt von der Wesloer Landstraße zwischen Holzhof Wesloe und Schlutup nach Norden. Durch den dichten Laubwald offenbart sich rechts des Pfades bereits feuchtmatschiger Untergrund. Bei Sonnenschein blitzt zwischen den Bäumen die Wasserfläche des dunklen Moorsees hindurch, in dem sich die Sonnenstrahlen spiegeln. Bei wolkigem Himmel muss man schon genauer hinsehen, um sich den richtigen Weg durchs Dickicht zum Wasser zu bahnen. Das Ufer gesäumt von Totholz, stellt das Depenmoor einen wichtigen Laichplatz für Amphibien dar.

Die Stimmung im Moor schwankt zwischen träumerisch bei Sonnenschein und beklemmend bei schlechtem Wetter. Lothar Malskat dürfte hier vielfältige Inspirationen für seine Gemälde gefunden haben. Der Künstler, der in den 1950er Jahren den größten Kunstfälscherskandal der Nachkriegszeit verursachte, zog sich später für einige Zeit hierher zurück. Malskat hatte bei der Restaurierung gotischer Fresken in der Marienkirche Malereien wiederhergestellt, wo sich nichts mehr befand, was hätte wiederhergestellt werden können. Die Fachwelt war begeistert. Bis Malskat sich selbst anzeigte und die Fälschung aufdeckte. Nach seiner Haftstrafe malte er, der zuvor rund 600 Fälschungen in Umlauf gebracht haben soll, angeblich nur noch unter seinem eigenen Namen. So auch das »Depenmoor im Abendlicht«.

Adresse Wesloer Landstraße, 23566 Lübeck | **ÖPNV** Bus 11, Haltestelle Försterei oder Schlutuper Tannen | **Tipp** Für Ofenholz und Weihnachtsbäume aus naturnaher Waldnutzung im Lübecker Stadtwald steuert man den nahe gelegenen Holzhof Wesloe (Wesloer Landstraße 78) an.

64 Die Gerberei Naujoks

Ein Mann für alle Felle

Regionale Produkte, fair gehandelte Waren, ökologischer Anbau, umweltschonende Verarbeitung. Stichworte, die in unserer modernen globalisierten Welt für immer mehr Menschen bedeutsam sind. In einem kleinen Handwerksbetrieb am Lübecker Stadtrand werden diese Werte schon seit über 60 Jahren gelebt. Helmut Naujoks ist Gerbermeister aus Tradition. Seit sieben Generationen wird in seiner Familie das Handwerk ausgeübt. 1949 gründete sein Vater den heutigen Betrieb in Eichholz, den Naujoks 30 Jahre später übernahm. Heute ist er weit und breit der letzte Gerbermeister, der noch in Handarbeit Felle von Schafen und Wildtieren verarbeitet.

Ein Besuch der offenen Werkstatt gleicht einer Lehreinheit in Heimat- und Sachkunde. Hier kann man dem Gerber dabei zusehen, wie das Rohfell zunächst von Fett- und Geweberesten befreit wird. Ein Prozess, der notwendig ist, damit das Leder oder Fell später nicht fault. Dann wird die Ware gewaschen und mit ausschließlich natürlichen Gerb- und Hilfsmitteln, wie Ameisensäure, Kochsalz, Eichenrinde oder Rübensaft, bearbeitet. Man lernt auch, dass für keines der Felle ein Tier nur wegen selbigem sterben musste. Die hier verarbeiteten Schaf- und Lammfelle sind ein »Abfallprodukt« der Fleischindustrie. Die Häute von Wildtieren stammen in der Regel aus der Jagd, die der Regulation der Populationen dient. Während es sich bei Letzteren häufig um Auftragsarbeiten handelt, nehmen die Schaf- und Lammfelle den Großteil der Produktion ein.

Für die Medizinalfelle, die meistens als kuschelige Einlage für Babywiegen und Kinderwagen genutzt werden, wird die Gerberei ausschließlich von Schäfereien aus Schleswig-Holstein beliefert. So können die fürsorglichen Eltern gewiss sein, ein hochwertiges und absolut nachhaltiges Produkt zu erwerben, um ihren Sprössling darauf zu betten. Und sie können bei dessen Herstellung sogar dabei sein.

Adresse Behaimring 36, 23564 Lübeck, www.gerberei-naujoks.de | ÖPNV Bus 3, 5, Haltestelle Eichholz | Öffnungszeiten April–Sep. Mo–Fr 8–16 Uhr, Okt. –März 7–16 Uhr | Tipp Die Gerberei liegt nur einen Steinwurf von der ehemaligen innerdeutschen Grenze entfernt. Hier sollte man einen Spaziergang entlang des Kolonnenwegs, an den sich das Naturschutzgebiet Palinger Heide anschließt, unternehmen.

65 Das Gerichtshaus

Ein Ort, der Kriminalgeschichte schrieb

Ja, es waren glanzvolle Zeiten für Lübeck, als der Rat der Stadt das Lübische Recht entwickelte. Es basierte auf dem Soester Stadtrecht, das Lübeck 1160 durch Heinrich den Löwen als Privileg erhalten hatte. Im lübischen Recht wurden die westfälischen Rechtsgrundsätze mit denen des Holsteinischen Landrechts vereint und um Grundsätze für das Seerecht ergänzt.

Dieses Stadtrecht erlangte schnell eine große Bedeutung und wurde von rund 100 Städten im gesamten Ostseeraum übernommen. Und es bewährte sich so, dass es in den meisten Städten bis zum Ende des 19. Jahrhunderts galt.

Mittlerweile gilt in Lübeck wie im Rest von Deutschland das Bürgerliche Gesetzbuch, und die Stadt hat nicht mehr einen solch immensen Einfluss wie einst im Mittelalter. Aber sie ist weiterhin ein wichtiger Ort der Rechtsprechung in Norddeutschland. Im Gerichtshaus am Burgfeld sitzen das Lübecker Amtsgericht und Landgericht. Letzteres ist eines von vieren im Land Schleswig-Holstein und hat in seiner mehr als 130-jährigen Geschichte schon einige spektakuläre Fälle erlebt. So wurde hier nicht nur der Kunstfälscher Lothar Malskat verurteilt, sondern auch der »Ausbrecherkönig« Christian Bogner, der nach seinem Ausbruch aus der Lübecker JVA und einem anschließenden Mord hier zu lebenslanger Haft mit Sicherungsverwahrung verurteilt wurde.

Ein anderer Fall, an den man sich in Lübeck immer erinnern wird, ist der von Marianne Bachmeier. Sie war in den 1970er Jahren Betreiberin der Kneipe Tipasa in der Schlumacherstraße. Am 6. März 1981 erschoss sie im Lübecker Landgericht den mutmaßlichen Mörder ihrer Tochter Anna, einen vorbestraften Sexualstraftäter. Während der Prozess gegen den Mann kaum ein mediales Interesse weckte, tat es das Verfahren gegen Marianne Bachmeier umso mehr. Schließlich war es der erste Fall von Selbstjustiz in einem deutschen Gerichtssaal.

Adresse Am Burgfeld 7, 23568 Lübeck | **ÖPNV** Bus 3, 4, 8, 10, 11, 12, 15, 21, 30, 31, 32, 39, 40, Haltestelle Gustav-Radbruch-Platz | **Tipp** Die leckersten Kuchen und Torten, auch zum Mitnehmen, gibt es in der Nachbarschaft bei Steinhusen (Am Burgfeld 3).

66_Gothmund

Reetdachidyll am Traveufer

Manchmal findet man sie noch. Orte, wie aus dem Bilderbuch, in denen die Zeit stehen geblieben zu sein scheint. In diesem Fall ist es das Fischerdorf Gothmund, das vor mehr als 500 Jahren erstmals schriftlich erwähnt wurde. Es hat sich bis heute diesen Charakter erhalten. Eine kleine Lagune, die, wie ein natürlicher Schutzhafen von zwei Schilfgürteln begrenzt, an der Trave liegt, zog anfangs die Lübecker Stadtfischer an. Sie nutzten sie als Zwischenstation auf dem Weg von der Ostsee in die Hansestadt. Später ließen sie sich hier nieder, bauten ihre Häuser angrenzend an ihre Anlegestellen im Hafen.

1585 erhielten die Gothmunder Fischer in der ersten allgemeinen Fischereiordnung eigene Rechte. Da die Häuser zwischen dem Hafen und einem Steilhang errichtet wurden, sah man sie kaum, wenn man sich ihnen von der Landseite aus näherte. Das kleine Dörfchen war somit relativ gut geschützt und blieb auf diese Weise vor Napoleons plündernden Truppen verschont.

Wogegen sich die Fischer nicht schützen konnten, waren das verheerende Ostseehochwasser von 1872 sowie ein Brand im Jahr 1893, denen ein großer Teil des Dorfes zum Opfer fiel. Die Häuser im westlichen Teil zeugen noch heute davon: Sie liegen ein wenig weiter vom Ufer entfernt und tragen kein Schilfrohr mehr. Man hatte aus beiden Katastrophen gelernt. Dennoch fühlt man sich heute bei einem Spaziergang durch den Fischerweg fast wie in einem Freiluftmuseum. Dazu tragen nicht nur die verbliebenen reetgedeckten Katen mit ihren verträumten Gärten bei, sondern auch die Fischerboote, die am kleinen Hafen festmachen. Der Unterschied zum Museum ist nur, dass die Fischernetze hier keine Requisiten sind und die Männer ihre Arbeit nicht nur zu Vorführzwecken verrichten. Hier leben und arbeiten tatsächlich noch eine Handvoll echte Fischer, deren Familien seit Generationen in Gothmund dieser Tätigkeit nachgehen.

Adresse Fischerweg, 23568 Lübeck | **ÖPNV** Bus 12, Haltestelle Normannenweg | **Tipp** Auch von der Trave aus hat man eine gute Sicht auf das Fischerdorf. Von der Lübecker Untertrave starten Ausflugsschiffe, die – an Gothmund vorbei – nach Travemünde und zurück fahren.

67 Der Jerusalemsberg

Zum Kreuzweg muss man nicht in die Heilige Stadt

Hinrich Constin war ein bedeutender Kaufmann und Ratsherr im spätmittelalterlichen Lübeck. Und Herr Constin war ein frommer Mann, der in seiner Stadt die Aufschüttung eines Kalvarienbergs anregte. Für die weniger Frommen sei erklärt, dass ein Kalvarienberg ein religiöses Denkmal ist, das an die Kreuzigung Jesu Christi erinnert. In Lübeck wurde er Jerusalemsberg genannt und außerhalb der Stadtmauern errichtet, genau wie die Hinrichtungsstätte Jesu, die ebenfalls vor den Toren der Stadt lag.

Meistens ist ein Kalvarienberg die Endstation eines Pilgerwegs, der von streng gläubigen Christen in Gedenken an den letzten Leidensweg des Erlösers begangen wird. So ist es auch in Lübeck. Der Lübecker Kreuzweg, der wahrscheinlich der älteste dieser Art in Deutschland ist, wurde mit seinen einst sieben Stationen im 15. Jahrhundert ebenfalls von Hinrich Constin gestiftet. Er reiste seinerzeit persönlich nach Jerusalem, vermaß die Via Dolorosa und schuf nach ihrem Vorbild den Kreuzweg, der somit genau 1.650 Meter lang ist. Er beginnt an der Jakobi-Kirche, an deren Nordseite auf einem Relief Jesus vor Pontius Pilatus dargestellt ist. Von dort führt er über das Kanzleigebäude, durch das Burgtor zum Jerusalemsberg hinauf, wo der Gekreuzigte dargestellt wird. Auf dem Weg zeigten fünf weitere Stationen, wie Jesus das Kreuz aufgelegt wurde, wie Simon von Cyrene ihm beim Tragen half und wie Jesus dreimal unter der Last des Kreuzes zusammenbrach.

Nach der Reformation geriet der Kreuzweg in Vergessenheit, die fünf Zwischenstationen wurden im Laufe der Zeit durch Umbauten zerstört. Erst in den 1990er Jahren wurde der Weg wiederentdeckt und wird seither jährlich am Karfreitag begangen.

Seit 2013 ist er wieder sichtbar: Fünf moderne Stelen markieren den Kreuzweg – neben den historischen Anfangs- und Endstationen, am Burgtor, auf dem Gustav-Radbruch-Platz und bei der Jugendherberge.

Adresse Jerusalemsberg, 23568 Lübeck | **ÖPNV** Bus 8, 15, 31, 32, Haltestelle Adolfstraße | **Tipp** Am Jerusalemsberg vorbei, der Eschenburgstraße folgend, kommt man zum Burgtorfriedhof, wo seit bald schon 200 Jahren der »normalen« Sterblichen gedacht wird.

68 Die Katharinenwiese

Viel mehr als nur ein Spielplatz

Wer mit Kindern in Lübeck lebt, muss einmal auf der Katharinenwiese gewesen sein. Zumindest dann, wenn hier der jährliche Walderlebnistag stattfindet. An diesem Termin gibt es vielfältige Aktionen rund um das Thema Wald. Mit einem Hubsteiger bis in die Baumwipfel zu steigen, vom Förster etwas über die Arbeit im Wald zu erfahren, auf einer Strohhüpfburg zu toben oder mit der Kutsche durch den Wald zu fahren, ist nicht nur für die Kleinen ein Riesenspaß. Kein Wunder, dass an diesem Tag die Katharinenwiese aus allen Nähten platzt.

Aber auch wenn kein großer Betrieb ist, lohnt sich der Weg in den Israelsdorfer Wald. Auf der großen Lichtung befindet sich nämlich ein Spielplatz im XXL-Format. Doch nicht nur wegen seiner Größe ist er anders als die gewohnten Spielplätze. Eingebettet in die Ruhe des Waldes wurden viele Spielelemente passend zum Umfeld aus Holz und bewusst einfach gehalten, was den Kindern viel Freiraum für kreative Spiele lässt. Liegende und stehende Baumstämme laden ein zum Balancieren, Klettern und Rutschen. Etwas aufwendiger gestaltet sind die neuen Kletterangebote im Cowboy- und Indianerstil, die 2014 vom Kinderschutzbund gestiftet wurden.

Mit einem kleinen Holzunterstand, Grillmöglichkeiten und Sitzbänken ist der Spielplatz der ideale Rastplatz, wenn man mit Kindern den Israelsdorfer Wald erkunden möchte. Von hier aus kann man bis zum Lustholz wandern, das mit seinen sternförmigen Wegen und dem zentralen Rondell der erste gezielt angelegte Erholungswald Lübecks war. Mit größeren Kindern kann man sogar bis zum Schellbruch gehen.

Die Israelsdorfer Festwiese, wie sie früher hieß, hat ihren Namen übrigens dem Katharineum zu verdanken. Das Gymnasium veranstaltete hier bis Mitte der 1960er jahrzehntelang sein alljährliches Schulfest, im Rahmen dessen auch der traditionsreiche Fünfkampf der Primaner stattfand.

Adresse Travemünder Landstraße, Ecke Eichenweg, 23568 Lübeck | **ÖPNV** Bus 12, Haltestelle Ernst-Deecke-Weg | **Tipp** In den Sommermonaten lädt das Gartencafé Landschätzchen (Eichenweg 10) zu Erfrischungen und selbst gebackenem Kuchen ein.

69_Das Kesselhaus

Industrieanlage trifft moderne Architektur

Während der Industrialisierung pulsierte der Lübecker Stadthafen. Unmittelbar vor der Altstadtinsel wurden vor allem Rohstoffe umgeschlagen. Auf den hafennahen Flächen siedelten sich die dazu passenden Industrieunternehmen an. Wie die Henry Koch Schiffswerft AG. Und da sie für ihre Produktion viel Energie benötigte, stellte sich das Unternehmen gleich ein eigenes Kraftwerk aufs Gelände. Das in den 20er Jahren errichtete Kesselhaus diente der Strom- und Dampfproduktion – und war mit seinem 72 Meter hohen Schornstein gleichzeitig eine Landmarke im innerstädtischen Hafen. 1933 wurde die Werft stillgelegt, und das Kesselhaus stand fortan im Dienste der Herstellung von Flugzeugteilen, später der Produktion von Papier und dann der von Wellpappe. Seit 1982 steht das Kraftwerk still.

Doch die Landmarke ist heute noch erhalten, steht seit dem Jahr 2000 sogar unter Denkmalschutz, der sich auf das gesamte Haus und die beiden alten Dampfkessel erstreckt. Dort, wo früher Strom erzeugt wurde, sitzen heute Werbeleute, Architekten, Steuerberater, Kommunikationsprofis und Umweltingenieure in ihren Büros. Auch die Baufirma Rosehr ist hier auf einer großzügigen Bürofläche ansässig. Von Letztgenannter ging Ende der 90er Jahre die Initiative für den Erhalt und Umbau des Kesselhauses aus.

Mit erheblichem Aufwand und Liebe zum Detail wurden die modernen Büros in Kontrast zu den erhaltenswerten historischen Elementen gesetzt. So wurde ein alter Kessel mit gläsernen Bürowänden umbaut, die alten Kohleschütten blieben erhalten, und mancherorts muss man aufpassen, um nicht über dekorativ aus dem Boden ragende Rohrstücke zu stolpern. Nur der Schornstein, der einst 72 Meter hoch war, wurde auf 47 Meter gekürzt. Um die alte Optik zu erhalten, wurde der Hochwasserspeicher nachgebildet. Er trägt heute die großen weißen Buchstaben, die an die Geschichte des Hauses erinnern.

Adresse Hafenstraße 33, 23568 Lübeck, www.kesselhaus-luebeck.de | ÖPNV Bus 12, 15, Haltestelle Luisenstraße | Tipp In der Nachbarschaft liegt die Zentrale der überregional bekannten Bäckerei Junge. Im Betriebsladen (Hafenstraße 25) kann man zu vergünstigten Preisen ofenfrische Ware kaufen.

70 Das Kleverschusskreuz

Sagenumwobener Wegweiser

Ein steinernes Wegekreuz im Schatten eines Baums auf Höhe der Roeckstraße 42. Ohne eine solch genaue Ortsbeschreibung ist das Kleverschusskreuz schwer zu finden, da es sich hinter dem Baumstamm gut versteckt. Kaum zu glauben, dass dies ein Wegweiser gewesen sein soll, der Pilgern die Richtung zum 135 Kilometer entfernt gelegenen Wallfahrtsort Wilsnack zeigte.

Das Kreuz hatte aber genau diese Funktion, als es im 15. Jahrhundert aufgestellt wurde. Es stand damals aber noch etwas besser sichtbar an der Kreuzung der heutigen Arnimstraße und der Marlistraße positioniert. Dort, wo einst die Straßen nach Wismar und nach Wilsnack in der damaligen Mark Brandenburg aufeinandertrafen. Wilsnack wurde nach 1383 durch drei Blutwunder-Hostien zu einem der damals berühmtesten Wallfahrtsorte Europas. Daher trug das Kreuz ursprünglich auch den Namen Wilsnacker Kreuz.

Den Namen Kleverschusskreuz erhielt es erst nach der Reformation. Es entwickelte sich eine Sage, dernach Hans Klever angeklagt war, seinen Freund erschossen zu haben. Er wurde festgenommen, und die Trauernden stellten ein Steinkreuz in Gedenken an den Toten auf.

Klever wollte beweisen, dass er ein guter Schütze war und der Schuss seinen Freund nur getroffen hatte, weil er sich versehentlich gelöst hatte. So gestattete man ihm, dreimal auf das Wegekreuz zu zielen. Und Klever traf dreimal in den rechten Arm des Kreuzes, das dadurch seinen neuen Namen weghatte.

Natürlich lässt sich nicht belegen, dass die Löcher tatsächlich von Schüssen stammen. Genauso wenig wie der Rest der Sage. Vielmehr war es wohl so, dass an der Stelle der Löcher ein bronzener Richtungsweiser in Form einer Hand angebracht gewesen war. Doch der Name ersetzte schnell den ursprünglichen, insbesondere weil nach der Reformation die Bluthostien verbrannt worden waren und Wilsnack seinen Status als Wallfahrtsort verloren hatte.

Adresse Roeckstraße 42, 23568 Lübeck | ÖPNV Bus 3, 4, 10, 11, 12, 21, Haltestelle Roeckstraße | Tipp Auf der gegenüberliegenden Straßenseite liegt »De Lütte Iesdeel« in der Straße Rabenhorst. Hier bekommt man im Sommer leckeres Eis und Crêpes.

71_Der Marli-Hof

Wo Inklusion tatsächlich gelingt

Seit 1970 steht der Begriff Marli nicht nur für einen Stadtbezirk in St. Gertrud, sondern auch für eine gemeinnützige GmbH, die sich für Menschen mit Behinderungen einsetzt. Dazu gehören nicht nur Pflege-, Wohn- und Betreuungsangebote, sondern auch ein vielfältiges Spektrum an Beschäftigungsmöglichkeiten von handwerklichen Arbeitsplätzen, wie in der Druckerei, Buchbinderei, Elektromontage oder Gärtnerei, bis hin zu Servicetätigkeiten in verschiedenen Marli-Cafés.

Herzstück, wenn auch nicht die Zentrale der gemeinnützigen Organisation, ist der Marli-Hof, der 2004 auf dem Grundstück einer ehemaligen Gärtnerei eingerichtet wurde. Hier wird weiterhin Obst und Gemüse angepflanzt – in Bioland-Qualität. Gleichzeitig befindet sich auf dem Gelände eine Kerzenzieherei und Töpferei. Ins Gärtnereigebäude ist der Marli-Laden eingezogen, in dem die Produkte aus den Werkstätten sowie aus der eigenen Buchbinderei und Textilverarbeitung verkauft werden. Genauso wie der Marli-Hofladen, in dem es die frischen Bio-Erzeugnisse gibt. Außerdem befindet sich hier das Marli-Hofcafé, wo in hübscher Atmosphäre Frühstück, Snacks sowie hausgemachte Kuchen angeboten werden. Auch hier können behinderte Menschen unter fachkundiger Anleitung ihrer Arbeit in einem offenen Umfeld nachgehen.

In seinem zehnten Jahr ging man auf dem Marli-Hof neue Wege und veranstaltete erstmals das sogenannte »Erntevergnügen«. Dabei wurden Beete an Hobbygärtner vermietet, die dort selbst Gemüse und Kräuter anpflanzen konnten. Da die Erde bereits gepflügt und die Biopflänzchen vorgezogen waren, mussten die Mietgärtner nur noch entscheiden, was auf ihrer Parzelle wachsen sollte. Und dann regelmäßig gießen, Unkraut zupfen und natürlich die eigene schmackhafte Ernte genießen. Dass man damit voll im Trend lag, zeigte sich schnell: Alle Parzellen waren schon im Premierenjahr ausgebucht.

Adresse Wesloer Landstraße 5 b/c, 23566 Lübeck, www.marli.de | **ÖPNV** Bus 3, 11, Haltestelle Im Gleisdreieck | **Öffnungszeiten** Hofcafé: Mo–Sa 9–18 Uhr, So 14–18 Uhr | **Tipp** Nur wenige Minuten entfernt liegt der Lübecker Reiterverein (Am Rittbrook 25), der mit seinen jährlichen Reitertagen ein breites Publikum anzieht.

72 Der Moltkeplatz

Die kleine Lübecker Weltausstellung

Die Gegend um den Moltkeplatz zählt zu den besten Adressen Lübecks. In der südlich abzweigenden Elsässerstraße und der Jürgen-Wullenwever-Straße im Norden reihen sich prächtige Villen aneinander, viele davon noch aus der Gründerzeit. Es ist offenkundig, dass hier damals wie heute die etwas betuchteren Bewohner der Hansestadt residierten und residieren. Schließlich hat man von den westlichen Grundstücken einen direkten Wasserzugang zur Wakenitz und einen phantastischen Sieben-Türme-Blick auf die Altstadt.

Dass das Viertel Ende des 19. Jahrhunderts erschlossen wurde, haben die Lübecker Ferdinand Wallbrecht, Stadtplaner aus Hannover, zu verdanken. Er erwarb 1892 das Gut Marly, das vor den Toren der Stadt, im Bereich des heutigen Moltkeplatzes, lag.

Im September 1895 fand in Lübeck die Deutsch-Nordische Handels- und Industrie-Ausstellung statt, die für Lübeck als Wirtschafts- und Industriestandort werben sollte. Auf 140.000 Quadratmetern wurden in 70 Pavillons und zwei großen Ausstellungshallen Industrie- und Handelsgüter aus dem In- und Ausland gezeigt. Wallbrecht stellte dafür seinen Landbesitz kostenlos zur Verfügung und ließ zur Erschließung des Geländes auf eigene Kosten die Moltkestraße sowie die Moltkebrücke über die Wakenitz errichten. Er versprach sich davon eine bessere Vermarktung des Gebietes als Bauland nach Abschluss der Ausstellung. Sogar eine Straßenbahnlinie führte damals zum Ausstellungsgelände.

Wallbrechts Plan ging auf – jedoch erst nach seinem Tod im Jahr 1905. Der Grund liegt wahrscheinlich darin, dass erst ein Jahr zuvor der Betrieb der Straßenbahnlinie nach Marly wieder aufgenommen worden war. Auch wenn er seine Pläne nicht zu Lebzeiten verwirklichen konnte: Dafür, dass er den Grundstein für die Entwicklung des Stadtteils Marli gelegt hat, wurde er durch die Benennung der Wallbrechtstraße und -brücke geehrt.

Adresse Moltkeplatz, 23566 Lübeck | ÖPNV Bus 5, Haltestelle Moltkeplatz | Tipp Vom Moltkeplatz lohnt sich ein Spaziergang in die abzweigende Jürgen-Wullenwever-Straße, die mit ihren imposanten Villen am Wakenitzufer zu den besten Adressen der Hansestadt gehört.

73 Der Schellbruch

Mehr Natur geht nicht

Zu Zeiten, als es noch keine dieselbetriebenen Schiffe gab, waren Fischer und Seefahrer auf die Kraft des Windes angewiesen. Wenn dann einmal Flaute herrschte, mussten sie selbst mit Muskelkraft an die Ruder ran. Bei der Flussschifffahrt hatten sie es etwas leichter: Dabei konnten sie ihre Boote von eingespannten Tieren ziehen lassen, die am Ufer vorneweg liefen. So sind an vielen Flüssen sogenannte Treidelstiege entstanden – abgeleitet vom »Treideln«, also dem Ziehen des Schiffes von Land aus.

Auch an der Untertrave, die bekanntlich ein wichtiger Transport- und Handelsweg war, führte ein Treidelstieg entlang, der heute noch als Wanderweg erhalten ist. Zwischen den Ortsteilen Karlshof, Israelsdorf und Gothmund trennt der Stieg mehrere Brackwasserlagunen vom Fluss ab. Das salzhaltige Brackwasser fließt durch Auslässe zur Trave in die stehenden Gewässer hinein. Das Gebiet drum herum, der Schellbruch, war einst überwiegend mit Bruchwäldern bewachsen. Ab dem 19. Jahrhundert wurde es vermehrt von Bauern als Weideland genutzt.

In den 1960er Jahren ging die landwirtschaftliche Nutzung zurück, sodass sich vermehrt Schilfröhricht ausbreiten konnte. Mit den größten zusammenhängenden Schilfflächen Lübecks wurde der Schellbruch zum Rückzugsort für viele Vogelarten. Seit 1981 zum Naturschutzgebiet erklärt, finden sich auf der 146 Hektar großen Fläche mittlerweile rund 200 Vogelarten, von denen knapp die Hälfte hier bereits gebrütet hat.

Durch die salzhaltigen Lagunen, Süßwasserteiche, die hier mündende Medebek, zeitweise überschwemmte Wiesen und einen Waldtümpel auf engstem Raum entsteht ein außergewöhnlicher Artenreichtum von unterschiedlichsten Pflanzenarten. Eine tolle Übersicht über das Gebiet bietet die Aussichtsplattform »Lagunenblick«. Und am Treidelstieg kann man die vorbeifahrenden Großschiffe ganz aus der Nähe erleben.

Adresse 23568 Lübeck, Ortsteil Karlshof | **ÖPNV** Bus 12, Haltestelle Fahrenheitweg, von dort 1,5 Kilometer Fußweg | **Tipp** Vom Schellbruch Richtung Israelsdorf liegt das Lustholz, das mit seinem sternförmigen Wegenetz bereits im 18. Jahrhundert als Erholungswald genutzt wurde.

74_Die Schwedenkirche

Gotteshaus mit kurzer Lebensdauer

Die Hafenstraße ist im Prinzip klar gegliedert: zur einen Seite die namensgebenden Hafenanleger, auf der anderen Straßenseite eine Zeile relativ schmuckloser Wohngebäude sowie die großflächige Betriebszentrale der Firma Brüggen. Dazwischen ein frei stehendes Häuschen, das sich deutlich von der restlichen Bebauung unterscheidet und dennoch nicht hervorsticht. Das Jugendstil-Gebäude mit dem Treppengiebel und der grün glasierten Ziegelfassade steht nämlich einige Meter von der Straßenfront nach hinten versetzt. Und auch wenn sich heute Wohnungen darin befinden, lässt das Kreuz auf dem mittleren Giebeltürmchen erahnen, dass dieses einmal ein Gotteshaus gewesen sein muss.

Und genauso war es auch – zumindest als das Gebäude errichtet wurde. Die schwedische Seemannsmission betreute Ende des 19. Jahrhunderts immer mehr Seeleute, die in Lübeck Station machten, seelsorgerisch. Zur Jahrhundertwende entschied man sich, eine eigene Kirche für die schwedischen Seeleute zu errichten. Das erklärt auch den Anker, der auf der linken Turmspitze thront. Ein ebensolcher auf dem rechten Türmchen ist nicht mehr erhalten. Genau wie die Aufschrift »Svenska Kyrkan« – Schwedische Kirche –, die auf dem weißen Fries oberhalb des zweiten Obergeschosses zu lesen war.

Mit der abnehmenden Zahl von schwedischen Seeleuten, die in Lübeck verweilten, schwanden auch die Gemeindemitglieder der kleinen Kirche. Im Januar 1968 fand der letzte schwedische Gottesdienst statt. Erst 1985 wurde das schöne Gebäude einer neuen Nutzung zugeführt. Das Diakonische Werk richtete hier ein Asylbewerberheim ein. 1996, nach dem Brandanschlag auf eine andere Unterkunft für Asylbewerber in der Hafenstraße, wurde es aufgelöst und 1998 zu Mietwohnungen umgebaut, mit durchaus besonderen Details, wie beispielsweise einer Raumhöhe von 5,80 Metern im Erdgeschoss. Schade, dass der Öffentlichkeit dieser Anblick verwehrt bleibt.

Adresse Hafenstraße 24, 23568 Lübeck | ÖPNV Bus 3, 4, 8, 10, 11, 12, 15, 21, 30, 31, 32, 39, 40, Haltestelle Gustav-Radbruch-Platz | Tipp Dort, wo der Brandanschlag auf das Asylbewerberheim verübt wurde (ehemals Hafenstraße 52), steht heute ein Gedenkstein, der an die Opfer erinnert.

75_Der Stadtpark

Metamorphose einer Sumpflandschaft

Es sind unter anderem die reichhaltigen Grün- und Wasserflächen rings um den mittelalterlichen Stadtkern, die Lübeck so schön und lebenswert machen. Im ausgehenden 19. Jahrhundert entwickelten sich die gründerzeitlichen Vorstädte, die den wohlhabenden Bürgern als Refugium außerhalb der engen Altstadt dienten. Sie errichteten prächtige Villen entlang lindengesäumter Alleen, wie Roeckstraße und Travemünder Allee eindrucksvoll demonstrieren. Doch hier vor dem Burgtor war das Bauland nicht ideal, da der Untergrund recht sumpfig war. Und so wurde eine verlandete Bucht der Wakenitz 1902 zu einer zwölf Hektar großen Parkanlage inmitten des neu entstandenen Villenviertels umgestaltet. Immerhin. Denn ursprünglich sahen die Planungen, die bereits 1882 entstanden waren, weitaus größere Dimensionen für den Park vor.

Nach diesen ersten Überlegungen dauerte es noch 15 Jahre, bis der damalige Lübecker Stadtgärtner Metaphius T. A. Langenbuch einen konkreten Entwurf für den Stadtpark vorlegte und fünf weitere bis zu dessen Realisierung. Dabei ließ sich der Gartenplaner nicht nur durch den beliebten Bürgerpark in der Schwester-Hansestadt Bremen inspirieren, sondern auch seine besondere Vorliebe für ausländische Gehölze einfließen. Noch heute finden sich unter den mehr als 700 Bäumen im Stadtpark viele Besonderheiten, wie eine nordamerikanische Gurkenmagnolie oder ein japanischer Schnurbaum. Durch das Entwässern der Galgenbrookwiesen, auf denen der Stadtpark seinerzeit angelegt wurde, konnten mehrere naturnah gestaltete Teiche in die Grünanlage eingebettet werden. Zusammen mit den weitläufigen Rasenflächen, den geschwungenen Wegen und den Gehölzen ergibt sich ein harmonisches Ensemble.

Bis heute orientiert man sich bei Neupflanzungen am Erbe Langenbuchs: So werden immer wieder dendrologische Raritäten gepflanzt wie beispielsweise der erste und einzige Nymphenbaum Lübecks.

Adresse Rathenaustraße, 23568 Lübeck | ÖPNV Bus 8, 15, 31, 32, Haltestelle Adolfstraße | Tipp Zwischen Stadtpark und Travemünder Allee liegt der sehenswerte Hindenburgplatz mit seinen prachtvollen gründerzeitlichen Villen.

76__Das Tor der Hoffnung

Zimmer mit Aussicht

Rudolf Groth hat eine bemerkenswerte Vita. Der gebürtige Lübecker wanderte nach dem Besuch des Katharineums und absolvierter kaufmännischer Lehre im Alter von 19 Jahren nach Mexiko aus. Dort wurde er mit Geschick und Fleiß zu einem wohlhabenden Mann und kehrte Jahrzehnte später als mexikanischer Staatsbürger »Rodolfo« in seine Heimatstadt zurück. Hier stiftete er sein Vermögen vielfältigen gemeinnützigen Zwecken, wofür ihm 1982, zwei Jahre bevor er im Alter von 104 Jahren verstarb, das Bundesverdienstkreuz und die Ehrenbürgerwürde der Stadt Lübeck verliehen wurden.

Mit dem von ihm gestifteten »Tor der Hoffnung« setzte er sich selbst ein Denkmal. Um der in den 1930er Jahren herrschenden Wohnungsnot entgegenzuwirken, ließ er am Ostufer der Wakenitz eine Wohnanlage mit 46 Einheiten errichten. Das hufeisenförmige Backsteingebäude thront auf dem parkartigen Grundstück in Hanglage. In der Mitte durchbricht ein Torbogen das lang gestreckte Haus. Von der Rudolf-Groth-Straße kommend wird das Tor von mehreren Inschriften eingerahmt. Auffallend sind die olympischen Ringe und der preußische Adler, die von zwei wichtigen Ereignissen zeugen, die während der Bauphase stattfanden. Den Olympischen Spielen, die 1936 in Deutschland stattfanden, sowie der Eingliederung der Stadt Lübeck in die preußische Provinz Schleswig-Holstein, die 1937 durch das Groß-Hamburg-Gesetz erwirkt wurde. Zwar werden beide Ereignisse der Reichsregierung unter Hitler zugeschrieben, doch von nationalsozialistischer Symbolik ist beim Tor der Hoffnung nichts weiter zu finden. Dafür aber reichlich Aussicht. Denn nach Durchschreiten des Tores öffnet sich das zur Wakenitz abfallende Gelände und gibt den Blick auf die Altstadtsilhouette und die sieben Türme frei. Das perfekte Fotomotiv. Welch ein Glück, dass eine Bürgerinitiative die geplante Bebauung des Areals in den 1970er Jahren verhindert hat.

Adresse Rudolf-Groth-Straße 14–32, 23566 Lübeck | **ÖPNV** Bus 4, 11, Haltestelle Gneisenaustraße | **Tipp** Im Winter verwandelt sich der Hang vor dem Tor der Hoffnung zum perfekten Rodelparadies – für norddeutsche Verhältnisse.

77_Die Villa Eschenburg

Wo Brahms in Lübeck zu Hause ist

Nein. Johannes Brahms, der zu den bedeutendsten Komponisten des 19. Jahrhunderts zählt, wurde nicht in Lübeck geboren. Er hat hier auch nicht für längere Zeit gelebt oder gewirkt. Und dennoch: Das international renommierte Brahms-Institut, das der Musikhochschule Lübeck angegliedert ist, hat genau hier seinen Sitz. Zu verdanken ist dies dem Lübecker Ehepaar Renate und Kurt Hofmann.

Als 1953 der 22-jährige Kurt Hofmann zum ersten Mal eine Schallplatte mit der Aufnahme eines Brahms-Konzerts hörte, war er begeistert. Vier Jahre später las er von dem unglücklichen Verhältnis des Komponisten zu seiner Heimatstadt Hamburg. Hofmann wollte herausfinden, was es damit auf sich hatte, und legte damit den Grundstein für seine jahrzehntelange Forschungs- und Sammeltätigkeit. Hofmann lernte dabei viele Nachfahren von engen Brahms-Vertrauten kennen, die sein ernsthaftes Interesse schätzten. Ein paar von ihnen übertrugen ihm die Nachlässe ihrer Vorfahren, wie die Tochter des Dirigenten Julius Spengel. So entstand nach und nach die weltweit größte private Brahms-Sammlung.

1990 erwarb das Land Schleswig-Holstein die »Sammlung Hofmann«, um damit den Grundstock für das neu gegründete Brahms-Institut zu legen. Gleichzeitig wurde das Ehepaar Hofmann für die ersten neun Jahre als ehrenamtliche Institutsleitung eingesetzt. 2002 bezog die Einrichtung die frisch renovierte Villa Eschenburg, die einst Stammsitz der Musikhochschule war. Das um 1800 erbaute Landhaus, das nach seinem späteren Besitzer Senator Eschenburg benannt ist, wurde nach einigen Jahren Leerstand und einem Brand im Jahr 1998 durch Unterstützung von Stiftungen denkmalgerecht saniert. Heute beeindruckt es im Inneren mit seiner herrschaftlichen Ausstattung aus dem frühen 19. Jahrhundert, mit dem stilvoll restaurierten Festsaal und den Brahms-Ausstellungen im schönen Gartensaal.

Adresse Jerusalemsberg 4, 23568 Lübeck, www.brahms-institut.de | **ÖPNV** Bus 8, 15, 31, 32, Haltestelle Adolfstraße | **Öffnungszeiten** Ausstellung: Mi und Sa 14–18 Uhr | **Tipp** Der angrenzende Eschenburgpark war einst der zum Haus gehörige Privatgarten. Später wurde er öffentlicher Schullehrgarten und ist seit den 1980er Jahren sich selbst überlassen.

78 Das Atelier Rainer Wiedemann

Kunstausstellung in privatem Rahmen

Lübeck ist eine Stadt, die seit jeher viele Künstler und Kulturschaffende anzieht. So erging es auch Rainer Wiedemann. Der gebürtige Bremer kam nach dem Studium der Kunst- und Werkerziehung 1973 in die Hansestadt, um selbige Fächer bis zum Jahr 2011 an verschiedenen Gymnasien zu unterrichten. Gleichzeitig ist Wiedemann immer auch als freier Künstler tätig gewesen, ist Mitglied der Gemeinschaft Lübecker Künstler e.V. und gehört dem Bundesverband Bildender Künstler an. Für dessen Landesverband in Schleswig-Holstein hat er ab 2011 als Vorstandsmitglied Ausstellungen im Ausland, insbesondere in Skandinavien, organisiert.

1976 kaufte er einen heruntergekommenen Resthof in Kronsforde, den er eigenständig renovierte und darin seine Wohnung sowie seine »SaalgalerieRW« einrichtete. Hier zeigt er seine eigenen Werke und lädt Künstler aus dem In- und Ausland zu Gastausstellungen ein. Nach Ankündigung öffnet er sein Atelier regelmäßig für interessierte Besucher. Dann kann man dem Künstler über die Schulter schauen und beobachten, wie seine Bilder entstehen. Bei seinen jüngeren Werken verschwimmen die Grenzen zwischen Malerei und Fotografie. Wiedemann, der schon immer fotografiert und gemalt hat, verwendet Fotoaufnahmen, druckt diese auf Leinwand und entwickelt sie durch Übermalen weiter. So entstehen faszinierende Bilder, bei denen man sehr genau hinsehen muss, um auch dann noch nicht eindeutig erkennen zu können, was fotografiert und was gemalt ist.

Wiedemann ist Realist, dessen immer wiederkehrendes Thema die Veränderungen von Orten ist. So dokumentierte er den Niedergang der Flender-Werft oder den Abbau der Herrenbrücke. Aber auch landwirtschaftliche Motive beschäftigen Wiedemann seit nun schon 40 Jahren regelmäßig. Seine Werke sind in der Galerie als Original oder als Postkartendrucke erhältlich.

Adresse Kronsforder Hauptstraße 59A, 23560 Lübeck, www.rainer-wiedemann.de | ÖPNV Bus 8720, 8780 (Unternehmen Dahmetal), Haltestelle Kronsforde Kirche | Öffnungszeiten nach Ankündigung in der Presse oder Absprache unter Tel. 04508/7484 | Tipp Im benachbarten Krummesse liegt die St. Johanniskirche (Niedernstraße 2), die mit ihrem eindrucksvollen Triumphkreuz einen Besuch wert ist.

79 Der Brink

Vom Siechenhaus zum Wochenmarkt

Für viele Bewohner des Viertels vor dem Mühlentor ist das erste Ausflugsziel des Wochenendes obligatorisch: Samstags geht es erst einmal zum Brink. An den gut sortierten Marktständen mit einer reichen Auswahl von regionalem Obst und Gemüse, frischem Fisch, Fleisch und Backwaren oder auch Schnittblumen, Honig und Antipasti kann man fast alles bekommen, was auf dem Einkaufszettel steht. Aber nicht nur deswegen kommt man samstags zum Brink. Der Wochenmarkt ist gleichzeitig auch ein beliebter Treffpunkt, wo man eigentlich immer mit jemandem aus dem Viertel klönen kann.

Doch hier vor dem Mühlentor, das mit seinen hübschen Gründerzeitbauten und Stadtvillen zu den gefragtesten Wohngebieten Lübecks gehört, sah es im Mittelalter ganz anders aus. Mitte des 13. Jahrhunderts wurde hier das St.-Jürgen-Hospital, ein Siechenhaus für Leprakranke, errichtet. Dort, wo heute ein schöner Park zwischen Brink und Hüxtertorallee liegt, befand sich der zugehörige Friedhof. Im 16. Jahrhundert wurde die Schweinehaltung, wie alle anderen unhygienischen gewerblichen Tätigkeiten, vor die Stadttore verlagert. Den Bäckern, die zum Nebenerwerb oft der Schweinezucht nachgingen, wurde der Standort vor dem Mühlentor zugewiesen. Die kleine Grünanlage mit Brunnen zwischen Bäckerstraße und Brink, die 1912 zu Ehren des Architekten Karl von Großheim angelegt wurde, war dementsprechend bis Mitte des 19. Jahrhunderts Standort der Schweinetränke.

Nach Abschaffung letzterer begann der Wandel des Viertels. 1867 wurde am südlichen Rand des Brinks das Wilhelm-Theater erbaut. Nach Einstellung des Theaterbetriebs wurde es als Gaststätte mit Ballsaal genutzt, bis das Gebäude in den 1960er Jahren zugunsten eines nicht ganz so hübschen Wohnblocks abgerissen wurde. Doch seit in dessen Erdgeschoss der Landwege-Markt eingezogen ist, ist er die perfekte Ergänzung zum Wochenmarkt auf dem Brink.

Adresse Am Brink, 23564 Lübeck | **ÖPNV** Bus 1, 4, 6, 9, 17, Haltestelle Wasserkunst | **Tipp** Vor der Mühlenbrücke steht ein Turm, der dem Antlitz nach ein Rest des äußeren Mühlentores sein könnte. Tatsächlich handelt es sich dabei aber um einen ehemaligen Bunker.

80 Das Bundespolizeimuseum

Wie der Bundesgrenzschutz in Lübeck entstand

Mehr als vier Jahrzehnte lang lag Lübeck im äußersten Nordosten der Bundesrepublik. Nur einen Steinwurf entfernt verlief die innerdeutsche Grenze. In Lübeck-Travemünde war zudem die wasserseitige Grenze auf der Ostsee. Im Osten schwer bewacht, war auf westdeutscher Seite der Bundesgrenzschutz stationiert.

Dieser wurde am 16. März 1951 aufgestellt, die ersten BGS-Angehörigen wurden im Mai 1951 in Lübeck stationiert. Seitdem gilt Lübeck als »die Wiege der Bundespolizei«.

Rund 40 Jahre später war mit Beendigung des Kalten Krieges und dem Wegfall der innerdeutschen Grenze der BGS einer seiner Hauptaufgaben entledigt. Die Grenze zur DDR existierte nicht mehr, und das Schengener Abkommen, mit dem Grenzkontrollen innerhalb der EU wegfielen, trat in Kraft. Da das Aufgabenspektrum des Bundesgrenzschutzes zuvor schon erweitert worden war und sich nun gänzlich ändern sollte, wurde der BGS im Jahr 2005 in Bundespolizei umbenannt.

Anlässlich der Feierlichkeiten zum 60. Gründungstag der Bundespolizei wurde am 28. Mai 2011 an der Bundespolizeiakademie das Bundespolizeimuseum eröffnet. Hier wird auf einer Ausstellungsfläche von über 1.200 Quadratmetern Fläche die Entwicklung des BGS bis zur heutigen modernen Bundespolizei dargestellt. Anhand von Originalexponaten, Schautafeln und Vorträgen wird über den Wandel der Bundespolizei sowie ihrer Führungs- und Einsatzmittel informiert.

In einem eigens eingerichteten Grenzinformationsraum wird außerdem die Geschichte der deutschen Teilung bis hin zur Wiedervereinigung dargestellt. Darüber hinaus werden die verschiedenen Organe zur Grenzsicherung, das System der Grenzüberwachung und die Grenzsperranlagen gezeigt und erklärt. Besuchen kann man das Bundespolizeimuseum bisher nur nach vorheriger Anmeldung. Dafür wird man jedoch fachkundig durch die Ausstellung geführt.

Adresse Ratzeburger Landstraße 4, 23562 Lübeck | **ÖPNV** Bus 4, 6, Haltestelle St. Hubertus | **Öffnungszeiten** nach Anmeldung unter Tel. 0451/72031081 oder bpolak.bpm@polizei.bund.de | **Tipp** Wenn man vom Museum weiter Richtung Groß Grönau fährt, erreicht man die Wegekapelle Klein Grönau. Hier finden regelmäßig plattdeutsche Gottesdienste statt.

81__Der Drägerweg

Entlang am viel zitierten »Amazonas des Nordens«

Für die meisten Menschen ist es einfach ein Wanderweg, wenngleich ein außergewöhnlich schöner. Schließlich führt er entlang der Wakenitz, die sich als ehemaliger innerdeutscher Grenzfluss über Jahrzehnte hinweg ungestört entwickeln konnte. Für die an seiner Entstehung Beteiligten ist es fast schon ein kleines Jahrhundertprojekt. Schließlich dauerte es von der ersten Idee fast 40 Jahre, bis der Schlussstein am Ratzeburger See gesetzt werden konnte.

Es war der erfolgreiche Unternehmer Heinrich Dräger, der 1969 eine Stiftung ins Leben rief, die sich für die »Schaffung und Förderung von Grün- und Erholungsflächen und Wanderwegen« einsetzte. Diese wird von der Gemeinnützigen betreut und ist nicht zu verwechseln mit der »Dräger-Stiftung«. Ab den 70er Jahren begann der Ausbau der ersten Teilstrecken des neuen Radwanderwegs entlang der Wakenitz.

2007 wurde letztlich der gesamte Drägerweg vom Lübecker Drägerpark bis nach Rothenhusen, der historischen Fährstation am Ratzeburger See, fertiggestellt. Im Lübecker Stadtgebiet, bis kurz hinter dem Kleinen See, folgt der Weg dem Verlauf der Wakenitz, die wegen ihrer Urwüchsigkeit auch »Amazonas des Nordens« genannt wird. Anschließend entfernt er sich etwas vom Ufer, macht jedoch bei den Ausflugsrestaurants Müggenbusch und Absalonshorst jeweils einen Abstecher zum Wasser. Hier hat man die Möglichkeit, auf die Linienschiffe zurück nach Lübeck oder bis zum Ratzeburger See umzusteigen.

Zu Fuß oder mit dem Rad geht es weiter Richtung Süden durch den Wald von Groß Grönau, vorbei an einem Nandu-Gehege und unter der A 20 hindurch. Zu guter Letzt gelangt man auf Feldwegen bis nach Rothenhusen. Um sich zu orientieren, muss man auf dem Drägerweg am Boden nach Holzschildern oder beschrifteten Findlingen Ausschau halten, die am Wegrand oder an Gabelungen platziert sind und auch mal leicht übersehen werden können.

Adresse Moltkeplatz (Startpunkt), 23566 Lübeck | ÖPNV Bus 5, Haltestelle Moltkeplatz | Tipp Wer den Weg bis zum Ratzeburger See nicht zu Fuß oder mit dem Rad zurücklegen will, kann an der Moltkebrücke auch in ein Ausflugsschiff steigen und dic Wakenitz entlangschippern.

82 Der Friederikenhof

Zum Heiraten schön

Exakt 15 Autominuten benötigt man vom Holstentor bis nach Oberbüssau. Dann ist man in einer anderen Welt angelangt. Ländliche Ruhe, Felder, so weit das Auge reicht, und eine Handvoll Häuser mit noch nicht einmal 200 Einwohnern. Genau hier liegt der Friederikenhof, der als Hotel und Restaurant genutzt wird.

Wer Landhausstil mag, wird den Friederikenhof lieben. Die rustikale, aber freundliche Einrichtung und der offene Kamin laden im verregneten Herbst oder verschneiten Winter dazu ein, doch einmal die lange Menüfolge zu wählen. Die fein zubereiteten Speisen, für die viele regionale Erzeugnisse verwendet werden, lassen keinen Zweifel daran, dass diese Entscheidung die richtige ist. In der kalten Jahreszeit ist das Hotel mit seinem Sauna- und Wellnessbereich ohnehin einen Aufenthalt wert.

Seinen wahren Trumpf spielt der Friederikenhof aber eindeutig im Sommer aus: die traumhafte Gartenanlage, nur einen Steinwurf vom Elbe-Lübeck-Kanal entfernt. Unter dem alten Baumbestand gibt es viele Lieblingsecken zu entdecken. Am Seerosenteich oder in der umrankten Gartenlaube, auf dem kleinen Kinderspielplatz oder im Strandkorb lässt es sich gut aushalten. Der perfekte Abstecher für eine Kaffee-und-Kuchen-Pause während einer Radtour am Kanal. Und natürlich eine der beliebtesten Adressen für Familienfeiern wie Hochzeiten oder Taufen.

Auf der ehemaligen Gutsanlage wurden nicht nur das Haupthaus, sondern auch die Scheunen und der einstige Schweinestall liebevoll restauriert. So fanden nicht nur die Restauranträume sowie 30 Hotelzimmer und Suiten ihren Platz, sondern auch der Wellnessbereich sowie mehrere Tagungsräume. Letztere tragen ganz untypische, dafür aber perfekt zur Hofanlage passende Namen wie Apfel, Birne oder Pfirsich. Wie man sich bei dem Angebot, das vor der Tür wartet, auf nüchterne Tagungsthemen konzentrieren soll, ist allerdings fraglich.

Adresse Langjohrd 15–19, 23560 Lübeck, www.friederikenhof.de | **ÖPNV** Bus 16, Haltestelle Schleusenstraße, von dort circa 1,7 Kilometer Fußweg | **Öffnungszeiten** Restaurant: Mo 17–22 Uhr, Di–So 11–22 Uhr | **Tipp** Vom Hotel aus finden kombinierte Fahrrad- und Kanutouren statt. Nach der Fahrt am Kanal bis nach Lübeck wird aufs Kanu umgestiegen und um die Altstadt gepaddelt, bevor es wieder mit dem Rad zurück zum Hotel geht.

83_Das Hünengrab Blankensee

Das lübsche »Stonehenge«

Blankensee im Süden Lübecks ist vor allem für den etwas umstrittenen Flughafen bekannt. Doch nur ein paar hundert Meter vom Rollfeld entfernt befindet sich einer der ältesten archäologischen Funde der Region. In einem kleinen Wäldchen, durch einen niedrigen Holzzaun klar zu erkennen, liegt das Hünengrab Blankensee. Das Alter des aus Findlingen errichteten jungsteinzeitlichen Großsteingrabs wird auf 5.500 Jahre geschätzt. Mit acht Metern Länge, dreieinhalb Metern Breite und zwei Metern Höhe und seinem seitlichen Zugang gehört es zum Bautyp der »Holsteiner Kammer«.

Schon immer waren die Menschen fasziniert von dieser Hinterlassenschaft unserer Vorfahren. Schließlich konnte man sich kaum erklären, wie es damals gelingen konnte, solch großes und schweres Baumaterial zu bewegen. Im Mittelalter glaubte man deshalb, es müssten Riesen gewesen sein, die einst die Steine aufgehäuft hatten. Dennoch wurden viele Hünengräber in den vergangenen Jahrhunderten zerstört. Sie wurden zerkleinert als Baumaterial im Straßenbau verwendet oder kamen im Ganzen in Gebäudefundamenten, Grundstückseinfassungen, dem Deichbau und für Denkmäler zum Einsatz. Doch irgendwann erkannte man den historischen Wert der Großsteingräber und stellte sie unter Schutz.

Bei archäologischen Untersuchungen wurden im Blankenseer Grab Tonscherben und Knochenreste entdeckt. So konnte die Megalithanlage nicht nur der Trichterbecherkultur zugeordnet werden, die in der Jungsteinzeit im nördlichen Mitteleuropa verbreitet war. Es ist auch ein Hinweis darauf, dass die Steinanlage als Grabkammer gedient haben könnte. Denn in der Tat finden Forscher eher selten menschliche Überreste unter den Steinen und vermuten, dass sie aus anderen Gründen, wie beispielsweise zur Territorialabgrenzung, aufgestellt wurden.

Adresse Köterfeld-Redder Nähe Schanzenbergweg, 23560 Lübeck | **ÖPNV** Bus 6, Haltestelle Schanzenbergweg | **Tipp** Westlich von Blankensee, direkt an den Lübecker Ortsteil Beidendorf angrenzend, liegt der Klempauer Hof-See mit seiner schönen Naturbadestelle.

84_Das Kolosseum

Alter Saal, neuer Glanz

Konzerte, Lesungen, Tanzveranstaltungen, Comedy, Firmenevents. Im Kolosseum findet jede Veranstaltung einen passenden Rahmen. Und egal wofür man sich entscheidet – beim ersten Betreten des Saals hat man ein Aha-Erlebnis. Ist das Äußere des Hauses doch ein typischer Bau der 1970er Jahre, und auch das Foyer lässt sich dieser Zeit zuordnen. Der Veranstaltungssaal hingegen verrät mit seinem Stuck und den umlaufenden Säulen sein wahres Alter von bald 150 Jahren. Sollte man meinen. Doch ganz so ist es nicht.

Das Kolosseum gibt es unter diesem Namen tatsächlich bereits seit 1875 – ein Gasthof mit Saal bestand hier, an der Straße nach Kronsforde und Hamburg, schon viel länger. Er bot mit seinem großen Saal und einem rückwärtigen Garten bis zu 3.000 Gästen Platz. 1937 ging das Haus an die Gemeinnützige über, die es heute noch betreibt. Während und nach dem Zweiten Weltkrieg wechselten die Nutzungen zwischen Behelfskaufhaus, Kriegsproduktionsstätte, Lazarett, städtischer Bühne und Kinosaal. Erst durch Umbaumaßnahmen in den 1950er und 70er Jahren wurde der Saal weitgehend zu dem, was er heute ist. Und erst damals erhielt der Raum seinen hübschen Stuck und die Säulen, die bei genauerem Hinsehen und Anfassen einen hölzernen statt steinernen Kern offenbaren. Nichtsdestotrotz: Ein schönes Ambiente liefern sie auch ohne Historie und wurden deshalb beim jüngsten Umbau von 2008 bis 2009 erhalten. Genauso wie die großartige Akustik, für die das Kolosseum schon immer bekannt war. Jedoch sind nun die Sitzreihen ansteigend, sodass die 500 Besucher von jedem Platz aus gute Sicht haben. Und auch die Licht- und Tontechnik wurde auf den neuesten Stand gebracht.

Zwei Millionen kostete der durch Stiftungen finanzierte Umbau, der sich gelohnt hat. Fanden vormals knapp 60 Veranstaltungen jährlich statt, ist das Kolosseum heute mehr als jeden zweiten Tag im Jahr gebucht.

Adresse Kronsforder Allee 25, 23560 Lübeck, www.kolosseum-online.de | **ÖPNV** Bus 2, 7, 16, Haltestelle Verwaltungszentrum Mühlentor | **Öffnungszeiten** gemäß Spielplan auf der Internetseite | **Tipp** Schön ist auch ein Spaziergang durch das östlich angrenzende Villenviertel im Bereich Uhlandstraße, Herderplatz und Stresemannstraße.

85_Die Lindesche Villa

Urlaubsdomizil eines großen Expressionisten

Fast jeder Lübecker hat schon einmal das klassizistische Sommerhaus an der Ratzeburger Allee besucht, das den Namen Lindesche Villa trägt. Sei es, um ein neugeborenes Kind anzumelden, einen Sterbefall eintragen zu lassen oder um sich in stilvollem Rahmen das Jawort zu geben. Doch nur wenige Lübecker wissen, dass in dem Gebäude, in dem sich heute das Standesamt befindet, einst der junge Edvard Munch den Grundstein für seine internationale Karriere legte.

Der Augenarzt Max Linde, der die 1804 vom dänischen Architekten Joseph Christian Lillie entworfene Villa im Jahr 1898 erworben hatte, war ein leidenschaftlicher Kunstsammler und Mäzen. Neben Werken von Max Liebermann, Auguste Rodin und Edouard Manet besaß er auch einige Gemälde des norwegischen Expressionisten, dessen Karriere Anfang des 20. Jahrhunderts noch in den Kinderschuhen steckte. Die große Unterstützung, die er durch Dr. Linde erfuhr, bewegte Munch dazu, die Hansestadt Lübeck sowie die Lindesche Villa regelmäßig zu besuchen. Und so ist das Gebäude wie auch sein Besitzer auf mehreren Gemälden Munchs verewigt. Ein besonders bedeutendes Werk, das in Lübeck entstanden ist, trägt den Titel »Die Kinder des Dr. Linde« und wird im Behnhaus ausgestellt.

Die bedeutende Kunstsammlung Max Lindes fiel, genauso wie sein gesamtes Vermögen, der Inflation der 1920er Jahre zum Opfer. Linde wohnte noch bis zu seinem Tod in der Villa, die 1964 von seinen Erben an die Stadt verkauft wurde. Die repräsentative Eingangshalle und der Spiegelsaal, der als Trauzimmer dient, zeugen vom Glanz und Reichtum vergangener Tage. Der ehemalige Besitzer und sein Verdienst für die Kunst werden im sogenannten »Lindezimmer« gewürdigt. In diesem Raum, in dem Heiratswillige auf die Anmeldung zur Eheschließung warten, werden einige nicht originale Radierungen und Lithografien von Edvard Munch gezeigt.

Adresse Ratzeburger Allee 16, 23564 Lübeck | **ÖPNV** Bus 1, 4, 6, 9, 17, Haltestelle Wasserkunst | **Tipp** Im Behnhaus (Königstraße 9–11) werden neben Munchs Gemälden weitere bedeutende Werke der klassischen Moderne sowie des 19. Jahrhunderts ausgestellt.

86 Die Moltkebrücke

Treten, Paddeln, Rudern

Was für ein Glück für Lübeck, dass die Menschen sich im Mittelalter entschieden, die Wakenitz aufzustauen, um so die städtischen Wassermühlen antreiben zu können. Auf diese Weise ist der Fluss, der den Ratzeburger See entwässert und bis nach Lübeck fließt, kurz vor der einstigen Mündung in die Trave zu einem See geworden. Und so kann man nun mitten in der Stadt im Naturbad schwimmen gehen, einen kleinen Segeltörn machen, surfen lernen oder einen ausgedehnten Spaziergang am Ufer genießen. Besonders nett sitzt man auf den Wiesen unterhalb der Moltkebrücke. Auf der Nordseite genießt man die Ruhe und blickt auf die Segelschiffe oder die Bootsanleger der Villen am gegenüberliegenden Ufer. Auf der Südseite kann man den Ausflugsschiffen, die ihre Gäste bis zum Ratzeburger See bringen, beim Anlegen zusehen. Oder man geht ein paar Meter weiter, direkt zum Bootsverleih, um sich selbst aufs Wasser zu begeben.

Seit vielen Jahrzehnten kann man hier Tretboote, Kanus oder Boote mit Elektromotor ausleihen und über den »Amazonas des Nordens« schippern. Diesen Beinamen trägt die Wakenitz seit einer gleichnamigen Fernsehdokumentation. Er resultiert aus der Urwüchsigkeit, die sich der ehemalige innerdeutsche Grenzfluss durch die einstige Sperrzone bewahren konnte. Seit fast 40 Jahren versorgt die Familie Hübner mit ihrem Bootsverleih an der Moltkebrücke die Freizeitkapitäne mit den richtigen Wasserfahrzeugen. Viele der gut gepflegten Boote, die es zu leihen gibt, sind sogar noch älter.

Und so kann man mit Muskelkraft aus Armen oder Beinen die Wakenitz erkunden. Oder aber man lässt sich durch den elektrischen Außenbordmotor flussaufwärts bis zum kleinen See oder den Ausflugslokalen Absalonshorst und Müggenbusch fahren. Beliebt sind die Leihboote auch bei Anglern, denn aus dem sauberen Wasser der Wakenitz lässt sich so mancher Aal, Karpfen, Hecht oder gar ein Riesen-Wels fischen.

Adresse Moltkebrücke, 23564 Lübeck | ÖPNV Bus 5, Haltestelle Moltkestraße | Tipp Die Moltkestraße steht wegen ihrer geschlossenen und gut erhaltenen Gründerzeitbebauung unter Ensembleschutz. Besonders imposant ist das Haus Nummer 1a.

87__Das Naturbad Falkenwiese

Badespaß seit mehr als 200 Jahren

Über Wassermangel kann man sich in Lübeck wirklich nicht beklagen. Mit Trave und Wakenitz umsäumen gleich zwei Flüsse die Altstadt und durchfließen die angrenzenden Stadtviertel. Wer im Sommer eine Erfrischung sucht, muss daher nicht bis zum Ostseestrand fahren oder in den gefliesten Pool eines Freibads springen. Stattdessen findet man am Krähenteich und an der Wakenitz mehrere Naturbäder, die chlorfreien Badespaß bieten. Die älteste dieser Badeanstalten befindet sich an der Falkenwiese. Hier wird schon seit dem Ende des 18. Jahrhunderts geschwommen, damals noch ein Stück weiter südlich. Dort, wo heute der Düker von der Wakenitz Richtung Elbe-Lübeck-Kanal abzweigt, befand sich die Kreidemannsche Anstalt.

Der Schwimmlehrer Anton Kreidemann hatte das Schwimmbad mit Unterstützung der Gemeinnützigen angelegt. Zunächst mit einem Schwimmbecken und acht Umkleidekabinen eröffnet, gehörte es zu den ältesten Schwimmbädern Norddeutschlands. Mit dem Bau des Dükers wurde die Badeanstalt an den heutigen Standort verlagert und 1899 eröffnet. Das Schwimmangebot erfreute sich großer Beliebtheit. Der Andrang war so groß, dass die Einrichtung bald schon um zusätzliche Bassins erweitert wurde.

Heute steht das Naturbad einem »gebauten« Freibad in nichts nach: Sanitäre Anlagen, mehrere Nichtschwimmerbecken, Wasserrutsche, Sprunganlage und 50-Meter-Bahnen sind vorhanden. Ganz zu schweigen von der hervorragenden Wasserqualität der Wakenitz. Das Badehaus selbst steht unter Denkmalschutz, da es fast noch genauso erhalten ist, wie es vor gut 100 Jahren errichtet wurde. Und nach Ende des Badebetriebs verwandelt sich das Schwimmbad regelmäßig zur Veranstaltungsstätte. Auf der frei schwimmenden Seebühne »Octopus« finden Konzerte, Theateraufführungen, Vereinsfeste und Privatveranstaltungen statt.

Adresse Wakenitzufer 1b, 23564 Lübeck | ÖPNV Bus 15, Haltestelle An der Falkenwiese | Öffnungszeiten Sommermonate Mo – Fr 9 – 19 Uhr, Sa und So 10 – 19 Uhr | Tipp Am gegenüberliegenden Wakenitzufer kann man im Naturbad Marli (Alexanderstraße / im Drägerpark) schwimmen gehen. Dort gibt es auch einen kleinen Sandstrand.

88 Der Ringstedtenhof

Bauernhoferlebnis für Stadtkinder

Es war im Jahr 1987, als sich eine Handvoll engagierter Lübecker in einer kleinen Garage zusammenfand und sich darüber Gedanken machte, wie man die ökologische Landwirtschaft in der Region fördern könnte. Schließlich waren sie es leid, Lebensmittel aus allen Ecken der Welt zu kaufen, wo auch vor der Haustür gute Produkte angebaut wurden. Die Idee traf auf viel Zustimmung, und aus dem anfangs gegründeten Verein »Landwege« wurde bald eine Erzeuger-Verbraucher-Gemeinschaft mit rund 30 Mitgliedsbetrieben und fünf modernen Verkaufsläden, die ein komplettes Bio-Lebensmittelsortiment anbieten. Den Verein gibt es parallel dazu immer noch. Eines seiner Hauptziele ist die Umweltbildung, welche hauptsächlich auf dem Ringstedtenhof praktiziert wird.

Aus dieser alten Hofstelle am Rand von St. Jürgen, die seit 1993 von der Stadt gepachtet wird, ist ein Jugend-Naturschutz-Hof geworden. Schulklassen und Jugendgruppen kommen auf den Hof, um landwirtschaftliche Arbeit kennenzulernen und mit anzupacken. Bereits die Kleinsten, also Kindergartenkinder, können an Führungen teilnehmen oder direkt den Naturkindergarten, der sich auf dem Hof befindet, besuchen. Gerade für Stadtkinder ist es oftmals ein erhellender Moment, wenn sie mit eigenen Augen sehen und mit den Händen fühlen, wie Kartoffeln in der Erde wachsen oder dass die Milch im Supermarkt von lebendigen Kühen kommt, die diese eigentlich für ihre Kälber geben.

Aber die Landwirtschaft auf dem Ringstedtenhof dient nicht nur Vorführzwecken. Die Flächen sind an Betreiber verpachtet, die ihre Erzeugnisse in den Landwege-Märkten sowie im eigenen Hofladen verkaufen. Kartoffeln aus eigenem Anbau, Brot aus der eigenen Backstube sowie Fleisch- und Wurstwaren aus eigener Erzeugung. Alles in Bioland-Qualität und ohne weite Fahrtwege von der Produktion zum Kunden, wird hier die Landwege-Idee konsequent umgesetzt.

Adresse Vorrader Straße 81, 23560 Lübeck, www.landwege.de | **ÖPNV** Bus 15, 16, Haltestelle Ringstedtenweg | **Öffnungszeiten** Mo–Fr 9–18 Uhr, Sa 8–13 Uhr | **Tipp** Im benachbarten Wulfsdorf liegt der Vorwiesenhof (Vorwiesenweg 8). Auf diesem Bauernhof, der besonders für seinen Spargel bekannt ist, gibt es ebenfalls einen Hofladen.

89__Die Ruderclubs

Stets im gleichen Takt

Ein Blick auf den sommerlichen Elbe-Lübeck-Kanal macht es deutlich: Hier ist das Revier der Ruderclubs. Natürlich dürfen auch Binnenschiffe oder Freizeitboote die Wasserstraße befahren, doch die meiste Zeit prägen die grazilen Boote der Lübecker Ruder-Gesellschaft und des Lübecker Ruder-Clubs sowie deren zugehörige Vereine für Frauen das Bild auf dem Wasser. Beide Vereine haben ihr Bootshaus am Kanalufer – die Ruder-Gesellschaft direkt an der Rehderbrücke, der Ruder-Club unweit der Possehlbrücke –, und die Wasserwege rund um die Altstadt sind das beliebteste Trainingsrevier der Ruderer und Ruderinnen.

Dass bei beiden Vereinen die Damen selbstständig organisiert sind, ist schon eine Besonderheit. In ganz Deutschland gibt es nur noch sechs Ruderclubs, die auf diese historische Trennung bestehen und ausschließlich Männer aufnehmen. Und gleich zwei davon in Lübeck. Immerhin dürfen die Damen sich die Infrastruktur mit den Herren teilen.

Die Lübecker Frauen-Ruder-Gesellschaft wurde übrigens 1907 als erster Frauen-Ruderverein in Deutschland gegründet. Zwei junge Damen, die von ihren Brüdern mit ins Bootshaus der Ruder-Gesellschaft genommen wurden, fanden daran so viel Gefallen, dass sie beschlossen, auch anderen Frauen diese Aktivität zu ermöglichen. Dass ein paar männliche Mitglieder dieses ältesten Lübecker Rudervereins, der seit 1885 besteht, just in demselben Jahr beschlossen, aus der Gesellschaft auszutreten und ein paar hundert Meter weiter den Lübecker Ruder-Club zu gründen, hat damit allerdings nichts zu tun. Sie wollten sich lediglich stärker dem Wettkampf- und Regattarudern widmen.

Aber ganz egal, ob nun Männer oder Frauen an den Rudern sitzen, ob als Freizeit- oder Wettkampfsportler, das lautlose Dahingleiten der Boote im perfekt abgestimmten Rhythmus der Paddel gehört zu einem gemütlichen Spaziergang am Kanal einfach dazu.

Adresse Hüxtertorallee 4, 23564 Lübeck, www.lrg1885.de und Charlottenstraße 33, 23560 Lübeck, www.luebecker-ruderklub.de | **ÖPNV** Bus 15, Haltestelle Hüxtertorallee und Bus 7, Haltestelle Theodor-Heuss-Straße | **Tipp** Auch als Erwachsener kann man noch in diese Sportart einsteigen. Die Frauen-Ruder-Gesellschaft bietet dafür auch spezielle Schnupperkurse an.

90 Die Schleuse Büssau

Idylle am Elbe-Lübeck-Kanal

Wiesen, Felder, ein paar Bäume und ein kleines Dorf, bestehend aus einem knappen Dutzend Bauernhöfen und einer Schleusenanlage. In Büssau herrscht ländliche Idylle, und dennoch befinden wir uns hier auf Lübecker Stadtgebiet. Das Gewässer, das am Örtchen vorbeiführt, wirkt durch die grün bewachsenen Uferbereiche fast wie ein natürlicher Fluss. Aber der gerade Verlauf und die Schleusenanlage sind verräterisch: Es handelt sich hierbei um eine Wasserstraße, den Elbe-Lübeck-Kanal. Der Trick dabei ist, dass die Uferbefestigung mit Holzpfählen unsichtbar ist, weil sie unterhalb der Wasseroberfläche liegt.

Im Jahr 1900 erfolgte der erste Spatenstich für den Kanal, der die Verbindung von der Elbe bei Lauenburg bis zur Ostsee auf 62 Kilometer und sieben Schleusen verkürzte. Zuvor verlief auf ähnlicher Route der Stecknitz-Delvenau-Kanal, der bereits im 14. Jahrhundert erbaut wurde, 97 Kilometer lang war und 17 Schleusen umfasste. Er wurde in erster Linie errichtet, um Salz aus Lüneburg in fünfwöchiger Fahrt nach Lübeck zu transportieren. Von dort aus konnte das weiße Gold nach Skandinavien verschifft werden, wo große Salzmengen benötigt wurden, um Fisch haltbar zu machen und einlagern zu können.

Heute werden auf dem Kanal vorwiegend Getreide, Öl, Düngemittel, Kies oder Schrott transportiert. Und Menschen! Denn die Freizeitschiffer haben die ruhige Wasserstraße, die sich ihren Weg durch das satte Grün der umgebenden Landschaft bahnt, für sich entdeckt. Der Besuch einer der Schleusen, wie der in Büssau, ist daher besonders am Wochenende bei gutem Wetter zu empfehlen. Dann kann man nicht nur den schönen Radweg nutzen, der entlang des Kanals bis Büssau und weiter führt, sondern man kann das Bauwerk auch in Betrieb sehen. Denn an den Wochenenden stehen die Sport-, Ruder- und Paddelboote sprichwörtlich Schlange, um in der 80 Meter langen Schleuse anderthalb Höhenmeter zu überwinden.

Adresse Schleusenstraße, 23560 Lübeck | ÖPNV Bus 16, Haltestelle Schleusenstraße | Tipp Unweit der Schleuse befindet sich Küntzel's Bauernhof (Krambreed 2) in Niederbüssau mit einem gut sortierten Hofladen.

91 Der Schulgarten

Auch außerhalb des Stundenplans ein Highlight

Mit der Reformpädagogik, die Ende des 19. Jahrhunderts auch in Lübecker Schulen Einzug hielt, kam bei vielen fortschrittlichen Lehrern der Wunsch nach einem Schulgarten auf. Anschaulicher Biologieunterricht sollte im Freien und »am Objekt« stattfinden. Die Schüler sollten praktische Erfahrungen in der Gartenarbeit sammeln. Da traf es sich gut, dass um 1900 das Quartier westlich der Kanaltrave erschlossen wurde und an der Wakenitz ein breiter Grünstreifen unbebaut blieb. Schnell wurde der Vorschlag eingebracht, hier einen solchen Garten, der allen Bürgern frei zugänglich sein sollte, anzulegen. Zwei Lübecker Stadtgärtner entwickelten die Idee weiter, doch erst 1913 konnte Harry Maasz die Pläne seiner beiden Vorgänger realisieren.

Während der beiden Weltkriege mussten die pädagogisch angelegten Themengärten dem Anbau von Gemüse weichen, um einen Versorgungsbeitrag für die Bevölkerung zu leisten. Seit 1949 erfüllt der Schulgarten wieder seinen Bildungsauftrag und erfreut gleichzeitig auch die Besucher, die einfach nur kommen, um die Blütenpracht zu bewundern. Mittlerweile wurde er auf 8.000 Quadratmeter erweitert und nach ökologischen Gesichtspunkten umgestaltet. Durch Hecken und Laubengänge voneinander abgegrenzt, kann man Stauden, Wildblumen und Rosen bewundern. Im Alpinum gibt es die Pflanzenwelt eines anderen Naturraums zu entdecken, während an anderer Stelle die Stammesgeschichte der Pflanzen sowie die Vererbungslehre der Mendel'schen Gesetze anschaulich dargestellt werden. Besonders schön ist der Senkgarten, der von Laubengängen und Pergolen eingerahmt wird und in dessen tiefer liegendem Zentrum kleine Wasserbecken und blühende Beete zu finden sind. Kein Wunder, dass die Lübecker dieses Kleinod lieben und im Jahr 2013 gegen die Pläne der Stadt, den Pflegeaufwand zu reduzieren und den Garten abzugeben, entschieden kämpften – und erfolgreich waren.

Adresse Wakenitzufer 1b, 23564 Lübeck | **ÖPNV** Bus 15, Haltestelle An der Falkenwiese | **Öffnungszeiten** April–Okt. Mo–Fr 7–19 Uhr, Sa und So 10–19 Uhr | **Tipp** An der Wakenitz entlang, vorbei an den Sportplätzen, geht es zur Station des Surf-Centers Lübeck, wo Kurse in Surfen und Stand-up-Paddeln stattfinden.

92 Die St.-Jürgen-Kapelle mit Friedhof

Das fast-älteste Haus des Stadtteils

Im Auto vorbeirauschend nimmt man die kleine Kapelle an der Ratzeburger Allee erst auf den zweiten Blick wahr. Doch es lohnt sich, einmal anzuhalten, um dem kleinen Gotteshaus einen Besuch abzustatten. Denn auch der gerade einmal 2.000 Quadratmeter große Friedhof, der die Kirche umgibt, ist sehenswert und hat seine eigene Geschichte zu erzählen.

Ausgangspunkt für die Entwicklung des Stadtteils St. Jürgen war das Siechenhaus, das im 13. Jahrhundert vor dem Mühlentor errichtet wurde. Das Krankenhaus für Leprakranke, der zugehörige Friedhof und eine Kapelle, die im Jahr 1341 eingeweiht wurde, waren dem heiligen Georg, im Niederdeutschen St. Jürgen genannt, gewidmet. Mit der Erweiterung der Stadtbefestigung mussten die Einrichtungen abgerissen und an ihren heutigen Standort verlagert werden. 1645 begann man mit dem Bau der Backsteinkapelle mit ihrer quadratischen Grundstruktur. Im August 1646 konnte die Kirche eingeweiht werden, womit sie heute fast das älteste Gebäude des Stadtteils St. Jürgen wäre. Doch das unscheinbare kleine Gebäude mit dem Treppengiebel, das etwas abseits des Friedhofs steht, trägt diesen Titel. Es ist das ehemalige Leichenhaus, das bereits ein Jahr vor der Kapelle fertiggestellt wurde. Heute gehört das Gelände, auf dem es steht, zu einem Kindergarten und dient als Geräteschuppen.

Der Friedhof wurde ab dem späten 18. Jahrhundert belegt, als sich einige wohlhabende Bürger hier ihre Grabstellen kauften. Die schönen und repräsentativen Grabmale sind teilweise noch heute erhalten und stehen unter Denkmalschutz. Besonders eindrucksvoll ist das Grabmal des Kaufmanns Marc André Souchay, gestaltet vom dänischen Architekten Joseph Christian Lillie, der in Lübeck auch das Behnhaus und die Lindesche Villa, in der sich das Standesamt befindet, entworfen hat.

Adresse Ratzeburger Allee 23, 23564 Lübeck | **ÖPNV** Bus 1, 4, 6, 9, 17, Haltestelle Fahlenkampsweg | **Tipp** Schräg gegenüber liegt das denkmalgeschützte »Haus Hölzerne Klinke«, in dem sich die Kunstschule der Gemeinnützigen (Ratzeburger Allee 34) befindet.

93 Die Waldsauna

Finnisches Holz, finnisches Flair

Es hat schon ein gewisses finnisches Flair. Das Haus mit dem tief heruntergezogenen Dach und den Wänden aus dicken Holzbohlen, das in einem kleinen Waldstück unweit des Wakenitzufers steht. Tatsächlich war es auch eine finnisch-deutsche Koproduktion, als die Waldsauna Müggenbusch 1981 erbaut wurde. Eckhard Roch ließ sie mit Unterstützung eines deutschen und eines finnischen Unternehmens bauen. Er führte damals zwei weitere Saunabetriebe in Lübeck und Bad Schwartau und bildete in seiner Privatschule Saunameister aus.

Für die Sauna am Müggenbusch wählte er als Baustoff Keloholz. Dabei handelt es sich um abgestorbenes Holz, das in trocken-kaltem Polarklima jahrzehntelang auf natürlichem Wege getrocknet wurde. Durch diese intensive Trocknung ist das silbergraue Holz, das meist aus dem finnisch-russischen Grenzgebiet stammt, witterungsbeständig und verzieht sich nicht. Ideal also, um damit nicht nur Häuser, sondern auch Saunas zu bauen. Mit der Waldsauna war Roch aber ein Trendsetter. Denn Keloholz, das für ein ganz besonderes Raumklima sorgt, trat erst in den 90er Jahren seinen Siegeszug im Saunabau an.

Bis 1997 betrieb Eckhard Roch die Waldsauna Müggenbusch, die anfangs nur aus dem Blockhaus mit einem Saunaraum und einem Schwimmbecken im Außenbereich bestand. Mittlerweile ist noch ein kleines Blockhäuschen mit einer weiteren finnischen Sauna hinzugekommen. Wenn man sich nach dem Saunabad zur Abkühlung in den Garten setzt, die Ruhe des Waldes auf sich wirken lässt und die reine Luft atmet, ist klar, was diese Sauna so einzigartig macht. Besonders im Winter, wenn Schnee liegt, könnte man fast meinen, man könne sich umdrehen und in einen finnischen See springen. Dann muss man aber doch mit dem künstlichen Schwimmbecken vorliebnehmen. Doch danach macht man es sich im Haupthaus am Kaminfeuer gemütlich und weiß, dass man an diesem Ort genau richtig ist.

Adresse Müggenbuschweg 8, 23562 Lübeck, www.waldsauna-mueggenbusch.de | ÖPNV Bus 9, Haltestelle Grillenweg | Öffnungszeiten im Winter Di–Fr 13–22 Uhr, Sa 12–19 Uhr, So 10–19 Uhr, im Sommer Di–Fr 13–21.15 Uhr, So 10–19 Uhr | Tipp Nur wenige Meter entfernt liegt das Ausflugslokal Müggenbusch an der Wakenitz.

94 Die Wasserkunst

Noch immer im Einsatz

Inmitten einer Grünfläche zwischen Ratzeburger Allee und Wakenitz ragt zwischen Baumwipfeln ein Turmkopf aus Backstein hervor. Hübsch verziert, mit Zinnen, Blendarkaden und Friesen, könnte man meinen, hier wohnte einst Rapunzel oder zumindest ein edler Ritter. Doch der Turm wurde 1867 schlicht als reines Nutzgebäude errichtet: Er diente als Wasserspeicher. Ursprünglich nur halb so hoch, wurde er 1890 aufgestockt und erhielt seine heutige Gestalt. Den Namen Wasserkunst trägt das Gebäude nicht deshalb, weil es ein besonders schöner Wasserturm ist. Der Begriff wurde früher für jegliche Wasserpumpwerke verwendet.

Bevor die Wasserkunst, die sogar noch heute zur Speicherung von Trinkwasser dient, erbaut wurde, existierten an der heutigen Hüxtertorallee gleich zwei solcher Wasserwerke: die Bürgerwasserkunst und die Brauerwasserkunst. Die Namen zeigen an, wen die beiden Pumpwerke belieferten.

Da die Bierbrauer täglich eine Wassermenge benötigten, welche über die normale Wassergewinnung aus Brunnen kaum zu bewältigen war, errichteten sie bereits Ende des 13. Jahrhunderts ein einfaches Schöpfwerk, um das Wasser von der Wakenitz zu den Brauhäusern zu transportieren. Die Kaufleute wollten ebensolchen Komfort genießen und ließen sich im 16. Jahrhundert einen 20 Meter hohen Wasserturm aus Ziegeln errichten, was die Bierbrauer wiederum wenige Jahre später kopierten, um ihr in die Jahre gekommenes Pumpwerk zu ersetzen.

Beide Wasserkünste erfüllten bis ins 19. Jahrhundert ihren Dienst. Doch als die Leitungen marode wurden, die Wasserqualität oftmals bedenklich war und der Wasserdruck nicht immer ausreichend, um beispielsweise die Feuerwehr zuverlässig zu versorgen, mussten beide Anlagen zugunsten der neuen »Stadtwasserkunst« weichen. Diese erhielt den etwas abseits von der Altstadt gelegenen Standort, um besser vor Verunreinigungen geschützt zu sein.

Adresse Bei der Wasserkunst, 23564 Lübeck | ÖPNV Bus 1, 4, 6, 9, 17, Haltestelle Wasserkunst | Tipp Es lohnt sich ein Spaziergang durch das angrenzende Wohnviertel entlang der Wakenitzstraße mit ihren schönen Stadthäusern aus dem frühen 20. Jahrhundert.

95 Die Eric-Warburg-Brücke

Aussicht genießen! Nicht nur, wenn sie hochklappt

Knapp zehn Jahre lang wurde geplant, sechs weitere gebaut. 2008 konnte die Eric-Warburg-Brücke endlich eröffnet werden und damit die letzte Lücke in der Nordtangente schließen. Sie verbindet St. Lorenz-Nord und St. Gertrud miteinander und entlastet den nordwestlichen Altstadtrand vom Durchgangsverkehr. Trotzdem jubelten nicht alle Lübecker, als sie die 182 Meter lange Klappbrücke zum ersten Mal überqueren durften. Schließlich wurde erst drei Jahre zuvor ein paar Kilometer traveabwärts der mautpflichtige Herrentunnel eröffnet, der die in die Jahre gekommene Herrenbrücke ersetzte. Die Befürchtung war, dass die Nordtangente für viele Autofahrer eine attraktive und kostenfreie Alternative zum Tunnel darstellte und in Letzterem durch die schlechtere Auslastung die Preise steigen würden. Eine Annahme, der nach bisheriger Erfahrung nicht widersprochen werden kann.

Doch zurück zu dem, was die Eric-Warburg-Brücke tatsächlich sehenswert macht. Da wäre zum einen der imposante Anblick, wenn sich mit einem Mal die Fahrbahn vertikal in Bewegung setzt und wie eine Asphaltwand stolze 38 Meter gen Himmel ragt. Was sie drei- bis viermal pro Tag zu festen Zeiten macht. Aber auch wenn das gute Teil geschlossen bleibt, gibt es viel zu sehen. Nämlich eine tolle Aussicht auf die Altstadt, die verbliebenen innerstädtischen Hafenanlagen und die Schiffe, die weniger als sechs Meter hoch sind und auch bei geschlossener Brücke darunter hindurchfahren können.

Mit ihrem Namen würdigt die Brücke übrigens die Verdienste Eric Moritz Warburgs für die Stadt. Der deutsch-amerikanische Bankier jüdischer Abstammung emigrierte 1938 in die USA und diente während des Zweiten Weltkriegs als Oberstleutnant in der Army. Seinem Einsatz ist es zu verdanken, dass Lübeck nach der Palmsonntagnacht 1942 nicht noch einmal von den Engländern angegriffen und vollständig zerstört wurde.

Adresse Eric-Warburg-Brücke, 23554 Lübeck | ÖPNV Bus 8, 15, 31, 32, Haltestelle Adolfstraße | Tipp Weiter flussaufwärts findet man mit der Hubbrücke und der Drehbrücke zwei historische Exemplare von beweglichen Brücken, die aus dem Ende des 19. Jahrhunderts stammen.

96 Die Rotter Glasmanufaktur

Glas von Weltruf – Made in Lübeck

Es ist ein unscheinbares Haus in einer ruhigen Wohnstraße unweit der Lohmühle. Doch hinter der schlichten Fassade wird Kunsthandwerk auf Weltniveau gefertigt. Hier ließ sich nach dem Zweiten Weltkrieg der aus Schlesien stammende Carl Rotter nieder und führte den 1870 gegründeten väterlichen Betrieb weiter. Carl Rotter war Glasschleifer. Er bearbeitete und veredelte Trinkgläser, Becher und Schalen und verpasste ihnen so den letzten Schliff. In den 1920er Jahren entwickelte er das neuartige Kugelbohrverfahren, mit dem er sehr tiefe Kugeln in ein Glas schleifen konnte, und ließ es sich patentieren. Diese Methode entwickelte er weiter und begann schließlich damit, Überfanggläser, die aus einer farbigen und einer klaren Glasschicht bestehen, auf diese Weise zu gestalten.

Die formschönen Schliffe auf den farbigen Gläsern wurden zum Markenzeichen der Lübecker Glasschleifer-Manufaktur, die diesen Namen wirklich verdient hat. Denn in reiner Handarbeit, meist mehrere Stunden lang, wird jedes Glas geschliffen und anschließend poliert. Wer den Manufakturverkauf besucht, kann sich von der akkuraten Technik, mit der bei Rotter gearbeitet wird, überzeugen. Geschäftsführerin Birgit Rotter führt auch unangemeldete Besucher gerne in die Werkstatt. Dort können sie den Glasschleifern über die Schulter schauen und erfahren, dass diese rund sieben Jahre praktische Erfahrung benötigen, bis sie ein echtes Rotter-Glas in Perfektion herstellen können.

Eingefleischte Rotter-Fans, die aus allen Teilen der Welt kommen, wissen diesen gehörigen Aufwand zu schätzen. Kunden wie das Topmodel Claudia Schiffer, Dior-Designer Hedi Slimane oder die jordanische Königin Rania sind Rotter-Sammler und decken ihre festliche Tafel gerne mit den hochwertigen und farbenfrohen Trinkgläsern ein.

Adresse Elisenstraße 2, 23554 Lübeck, www.rotter-glas.com | **ÖPNV** Bus 3, 8, 10, Haltestelle G.-Kerschensteiner-Straße | **Öffnungszeiten** Mo–Do 9–15 Uhr, Fr 9–13 Uhr | **Tipp** In der Fleischhauerstraße 34 führt Birgit Rotter das »artemani – Galerie der kleinen Manufakturen«. Hier werden neben Rotter-Gläsern auch andere kunsthandwerkliche Produkte ausgestellt und verkauft.

97_Der Vorwerker Friedhof

Parkanlage und Friedhof zugleich

Ist es nicht schön, wenn man seine Lieben an einem Ort zur letzten Ruhe bettet, an dem man sich selbst gerne aufhält? So ähnlich war wohl der Gedankengang von Erwin Barth, als er die Pläne für den Vorwerker Friedhof zeichnete. Der Gartenarchitekt wurde vom damaligen Baudirektor beauftragt, einen dem Zeitgeist entsprechenden Friedhofsplan zu entwickeln. Das Ergebnis überzeugte, sodass Barth die Stelle als Leiter der Gartenbauverwaltung erhielt und der Friedhof nach seinen Plänen 1907 umgesetzt wurde.

So entstand eine großzügige Grünanlage, die an manchen Stellen eher an einen Park als an einen Friedhof erinnert. Genau das hatte Barth auch im Sinn. Sträucher und Bäume wurden so gepflanzt, dass von den Spazierwegen der Blick auf die Pflanzen anstatt auf Grabfelder und Kreuze fiel. Dennoch liegen einzelne Grabreihen auch an den Hauptwegen. Schließlich soll der Friedhof weiterhin als solcher erkennbar sein. In der damals 21 Hektar großen Anlage wechselten stark gegliederte und landschaftsartig angelegte Abschnitte. Von oben betrachtet formten die Wege den Umriss eines Schmetterlings.

Später wurde der Friedhof auf 53 Hektar erweitert – nach denselben gestalterischen Gesichtspunkten. Besonders auffällig sind hier die dichten Alleen aus Nadelbäumen.

Die Fläche des Friedhofs wurde damals so großzügig gewählt, da die alten Friedhöfe zu Beginn des 20. Jahrhunderts an ihre Kapazitätsgrenze gelangt waren und man diese Problematik für immer ausräumen wollte. Was damals niemand ahnte: Gut 100 Jahre später hat Lübeck mit dem gegensätzlichen Problem zu kämpfen. Mit dem allgemeinen Bevölkerungsrückgang nimmt die Zahl der Sterbenden ab. Und die immer beliebteren Urnengräber oder auch das Kolumbarium, in das Urnen eingestellt werden, benötigen zudem nur wenig Platz. So wird der Friedhof künftig schrumpfen und ein Teil der Flächen umgewidmet werden.

Adresse Friedhofsallee 83, 23554 Lübeck | **ÖPNV** Bus 7, Haltestelle Vorwerker Friedhof, Eingang 1 | **Öffnungszeiten** Mo–So 7 Uhr bis zum Einbruch der Dunkelheit | **Tipp** Nicht weit entfernt liegt der unter Naturschutz stehende Tremser Teich, der mit dem Mühlenbach die Grenze nach Bad Schwartau markiert.

98__Die Lachswehr

Sommerfrische für alle!

Die Lachswehr war früher ganz dem Namen nach ein Fischwehr, in dem hauptsächlich Lachse gefangen wurden. Später übertrug sich der Begriff auf den Altarm der Trave, der kurz vor dem Stadtgraben vom Elbe-Lübeck-Kanal abzweigt. Bis heute heißt so auch die Gaststätte, die hier idyllisch unter Bäumen, mit Garten zum Fluss ausgerichtet, liegt.

Noch viel schöner muss es 1777 ausgesehen haben, als das Backsteingebäude im Rokoko-Stil im Auftrag der Lübecker Bürgerschaft errichtet wurde. Als die Vorstädte aus vornehmen Sommerresiden zen bestanden und die Gäste zu Fuß oder mit der Kutsche das neue Gartenrestaurant aufsuchten. Die Lachswehr sollte nach dem Willen der Stadtväter auch den einfacheren Bürgern eine Möglichkeit zur Erfrischung bieten, wenn sie sich im Sommer zu einem Spaziergang vor den Stadttoren aufmachten. Die Möglichkeit der Sommerfrische sollte nicht nur den wohlhabenden Bürgern, die hier ihre Zweitwohnsitze errichtet hatten, vorbehalten sein. Das Angebot erfreute sich großer Beliebtheit bei den Lübeckern, sodass die langen Tischreihen im Garten stets gut gefüllt waren. Auch prominente Bürger wie der Dichter Emanuel Geibel kamen gerne hierher. Der Spätromantiker feierte in der Lachswehr sogar seine Hochzeit und widmete ihr ein Gedicht.

Noch bis weit ins 20. Jahrhundert hinein war das Gasthaus eine gefragte Adresse für private und öffentliche Veranstaltungen. Nach einer umfassenden Sanierung in den 1980er Jahren zeichnete sich die Lokalität durch ihre gehobene Küche aus, die sich an der Idee des »Slow Food« mit einem Schwerpunkt auf regionalen und saisonalen Produkten orientierte. Noch heute ist der ursprüngliche Stil des Hauses außen wie innen erkennbar, teilweise kombiniert mit modernen Elementen. Und bietet nach wie vor ein schönes Plätzchen für eine kurze Erfrischung, genau wie für einen Restaurantbesuch oder eine größere Familienfeier.

Adresse Lachswehrallee 38, 23558 Lübeck, www.lachswehr.de | ÖPNV Bus 15, Haltestelle Wielandstraße | Öffnungszeiten Di–Do ab 18 Uhr, Fr–So ab 12 Uhr | Tipp In malerischer Lage, direkt am alten Arm der Trave, hat der Lübecker Motorboot-Club e.V. seine Liegeplätze.

99_Die Lutherkirche

Haus des evangelischen Märtyrers

Die Geschichte der Lübecker Märtyrer ist eng mit der katholischen Herz-Jesu-Kirche verbunden. Aber auch die evangelische Lutherkirche hat in dieser tragischen Geschichte eine wichtige Rolle gespielt. Die Luthergemeinde war seit ihrer Gründung im Jahr 1914 von dem streng nationalistisch orientierten Pastor Mildenstein geleitet worden. Ab 1933 übernahm Pastor Karl Friedrich Stellbrink seine Position, ebenfalls mit streng national-konservativer Haltung. Gemeinsam mit einem sehr engagierten Kirchenvorstand konnte er den einzigen Kirchenneubau in Lübeck während der NS-Zeit realisieren.

Und so wurde die Lutherkirche 1937 eingeweiht. Nach den Idealen der Nazis war sie nach Norden, Richtung Germanien, ausgerichtet. Die Ost-Ausrichtung mit Blick zum Morgenlicht ist normalerweise üblich, da es die Auferstehung Christi symbolisiert. Ob sich Pastor Stellbrink daran störte, dass er nun nach Norden und damit ins Dunkle beten musste, ist nicht überliefert. Womit er jedoch große Probleme hatte, waren die Praxis der Euthanasie und das offensichtliche Zurückdrängen des Einflusses der Kirche in der Gesellschaft. So wandelte sich seine Haltung zum Regime, und er wurde noch im selben Jahr aus der NSDAP ausgeschlossen.

1941 lernte Stellbrink die drei katholischen Kapläne Prassek, Müller und Lange kennen. Sie tauschten sich in ihrem regimekritischen Denken aus und vertraten ihre Meinung auch öffentlich in ihren Predigten. Als Stellbrink in seiner Predigt zum Palmsonntag 1942, nach dem verheerenden Bombenangriff auf Lübeck, den Angriffskrieg der Nazis erneut verurteilte, wurde er verhaftet. 1943 wurde er gemeinsam mit den drei katholischen Geistlichen zum Tode verurteilt.

Seine Urne steht in der Lutherkirche, in deren Ausstellung ergänzend zur Märtyrer-Verehrung in der Herz-Jesu-Kirche das Themenfeld Nationalsozialismus und Kirche didaktisch aufbereitet wird.

Adresse Moislinger Allee 96, 23558 Lübeck, www.kk-ll.de | **ÖPNV** Bus 5, 6, 16, Haltestelle Lutherkirche | **Tipp** Außergewöhnlich leckere Kuchen gibt es bei Gaumenfreude (Moislinger Allee 69b), Lübecks erster Bio-Konditorei. Diese hat auch einen kleinen Ableger in der Hüxstraße 46.

100_Die Puppenbrücke

Standhaftes Recycling-Bauwerk

Der nackte Hintern des Merkurs ist seit jeher das Highlight auf der mit acht Skulpturen und vier Vasen verzierten Puppenbrücke. Er regte seinerzeit Emanuel Geibel zu einem Gedicht an, das mit den Zeilen »drum kehrt er allen Fremden den blanken Podex zu« endet. In den Interpretationen der Lübecker ist der Po an die Holsteiner gerichtet, manche sagen auch, dass er zur damaligen Zeit den Dänen galt. Ob der Bildhauer Dietrich Jürgen Boy Derartiges im Sinn hatte, als er 1774 vom Rat der Stadt beauftragt wurde, die Figuren aus Sandstein zu erschaffen, kann heute leider nicht mehr geklärt werden.

Klar ist jedoch, dass die Puppenbrücke die erste steinerne Brücke Lübecks war. Als im 15. Jahrhundert die Wallanlagen mit ihren Wassergräben zur weiteren Befestigung der Altstadt ausgebaut wurden, wurde vor dem Holstentor wie damals üblich zunächst eine Holzbrücke errichtet. Diese musste jedoch ständig instand gesetzt werden und war nach einem gänzlichen Neubau im Jahr 1747 nur 20 Jahre später schon wieder baufällig. Daher wurde 1770 mit dem Bau einer Steinbrücke begonnen, für die Steinquader aus dem abgetragenen Kloster in Reinfeld verwendet wurden. Nach zweijähriger Bauzeit war das 51 Meter lange Bauwerk fertiggestellt, und zwei Jahre später entschloss man sich, die neue Vorzeigebrücke mit Figuren zu schmücken.

Neben Merkur haben auch die weiteren »Puppen«, denen die Brücke ihren Namen verdankt, eine symbolische Bedeutung. So sind hier auch der Flussgott für die Trave, Neptun für die Ostsee, ein römischer Krieger als Symbol der Bürgertugenden, der Friede, die Eintracht, die Vorsicht und die Freiheit dargestellt. Auch als die Brücke 1907 neu gebaut wurde, fanden die Sandsteinfiguren wieder ihren Platz darauf. 1984 wurden sie jedoch durch Kopien ersetzt und die Originale im Hof des St.-Annen-Museums aufgestellt, um sie vor schädlichen Einflüssen zu schützen.

Adresse Puppenbrücke, 23554 Lübeck | ÖPNV Bus 1, 2, 5, 6, 7, 9, 10, 11, 15, 16, 17, 21, 30, 31, 39, 40, Haltestelle Holstentorplatz | Tipp Nicht nur für Touristen lohnt ein Besuch im Welcome Center (Holstentorplatz 1) der Lübeck Travemünde Marketing GmbH, wo es hübsche Lübeck-Souvenirs und Geschenkartikel gibt.

101_Der Fischereihafen

Frischer Fisch ohne Schnickschnack

Lübecks schönste Tochter besteht zum einen aus modernen Hotels und hübschen Ferienwohnungen – das ist das Seeheilbad Travemünde, das sich im 19. Jahrhundert entwickelt hat. Zum anderen sind da die Anleger für die riesigen Pötte – das ist der Ostseefährhafen Travemünde, der im 20. Jahrhundert immer größer und bedeutender wurde. Und dazwischen der Fischereihafen, der stellvertretend für das ursprüngliche Travemünde steht. Im Mittelalter waren es nämlich die Fischer, die hier ihre Boote anlandeten und mit ihren Wohnhäuschen die Entwicklung des Ortes maßgeblich prägten.

Heute ist es noch eine Handvoll an Kuttern, die es täglich auf die Ostsee zieht. Aber die verkaufen ihren täglichen Fang noch frisch vom Boot. Einfach auf die Heerschaaren von Möwen achten, die plötzlich im Pulk über dem Wasser aufgeregt auf und ab flattern. Das ist ein untrügliches Zeichen, dass gerade mindestens ein voll beladener Fischkutter einläuft. Doch die Möwen müssen sich, wenn überhaupt, mit den Abfällen begnügen. Alle anderen Fischfans, die pünktlich kommen, werden mit einem frischen Dorsch oder einer Scholle belohnt. Und wer den Fischverkauf vom Kutter verpasst hat, der nimmt einfach in einer der Fischbratereien oder -restaurants Platz, die das Ufer des Fischereihafens säumen und in denen auch einheimisches Meeresgetier angeboten wird. Von urig und einfach bis modern und chic ist vom Ambiente für jeden Geschmack etwas dabei. Denn genau wie an anderen prominenten Stellen in Travemünde haben auch am Fischereihafen mehrere Neubauten das Gesicht des Örtchens verändert. Und die Umgestaltung ist noch nicht abgeschlossen. Selbstredend, dass diese nicht ohne Proteste aus der Bevölkerung abläuft. Fürchten doch viele um das unverfälschte, maritime Flair, das mit jedem modernen Bau ein Stück verloren geht. Was aber in jedem Fall bestehen bleiben soll, sind die Fischkutter und der fangfrische Fisch.

Adresse Auf dem Baggersand 7, 23570 Lübeck | **ÖPNV** Bus 30, 31, 33, 35, 38, Haltestelle Travemünde/Priwallfähre | **Tipp** Leckersten Frisch- und Räucherfisch gibt es auch bei Fisch Wöbke (Kurgartenstraße 94) und Oldörp (Vorderreihe 12 und Rose 16).

102 Das Haus Royal

Von der Villa Possehl zur Villa Mare

Fünf zusammenhängende Grundstücke an der Strandpromenade, die gemeinsam rund 5.000 Quadratmeter groß sind. Darauf eine prachtvolle zweigeschossige Villa mit eindrucksvollen Marmorsäulen. Das Bauvorhaben muss seinerzeit ein Vermögen gekostet haben. Daher war es auch kein Geringerer als der Lübecker Kaufmann und Senator Emil Possehl, der 1899 die Grundstücke erwarb und sich in den folgenden fünf Jahren diese herrschaftliche Sommerresidenz für sich, seine Frau und seine Gäste errichten ließ. Possehl, der einst die Eisen-, Blech- und Kohlenhandlung seines Vaters übernommen hatte, schaffte es binnen weniger Jahre, durch den Zukauf ausländischer Unternehmen seinen Betrieb zu einer internationalen Unternehmensgruppe aufzubauen. Als er 1915 kinderlos starb, vermachte er sein Vermögen von rund 100 Millionen Mark der Possehl-Stiftung, die nach seinem letzten Willen gegründet werden sollte.

Bis heute unterstützt die Stiftung mit den Erträgen der Firmengruppe »das Gute und Schöne« in Lübeck, ganz so wie es der Stifterwille vorsah. Dazu zählt auch das »Haus Royal«, das auf diesen Namen übrigens nicht von Emil Possehl, sondern erst im Jahr 1967 getauft wurde. Ursprünglich wurde es »Villa Possehl« genannt und nach dem Ableben der Eheleute Possehl unter anderem als Begegnungsstätte für Schriftsteller aus Deutschland und Skandinavien genutzt. Später diente es als Flüchtlingsunterkunft sowie Hilfsstation des Roten Kreuzes und der DLRG. Den Namen »Haus Royal« erhielt das Gebäude im Zuge einer Umgestaltung als Café und Gaststätte. Obwohl es seither mehrere Betreiber- und Eigentümerwechsel gab, ist diese Nutzung bis heute erhalten geblieben. Hier kann man mit herrlichem Blick auf die Ostsee dinieren, tagen und feiern. 2011 erwarben zwei junge Hoteliers aus Timmendorfer Strand das Haus und eröffneten es nach umfassenden Renovierungsarbeiten 2012 unter dem Namen »Villa Mare« neu.

Adresse Kaiserallee 6, 23570 Travemünde, www.villa-mare-ostsee.de | **ÖPNV** Bus 35, Haltestelle Mittschiffs | **Öffnungszeiten** Mi–So 11.30–21.30 Uhr | **Tipp** Nur wenige Jahre nach der Villa Possehl wurde der Godewindpark zusammen mit dem angrenzenden Villenviertel vom Berliner Architekten Hermann Muthesius im Stil einer englischen Gartenstadt mit zentraler Parkanlage entworfen.

103 Die Hermannshöhe

Ausflugslokal mit Tradition

Hermann Wilhelm Fehling ist nicht umsonst Ehrenbürger von Travemünde. Als Kaufmann, Mitglied der Lübecker Bürgerschaft und Honorarkonsul hat er sich im späten 19. Jahrhundert sehr um das Seebad verdient gemacht. Er beförderte den Ausbau des Badebetriebs und die Verbesserung des Küstenschutzes nach dem zerstörerischen Ostseehochwasser 1872. Zum Zeichen der Anerkennung wurden – wie bei Ehrenbürgern üblich – eine Straße nach ihm benannt und ein Gedenkstein aufgestellt. Aber Konsul Fehling wurde eine weitere Ehre zuteil: Sein Lieblingsplatz, eine Erhöhung am Brodtener Steilufer, zu der er gern wanderte und wo er aufs Meer blickend verweilte, trägt nun seit mehr als 100 Jahren seinen Namen.

Die Hermannshöhe war aber nicht nur dem Konsul einen regelmäßigen Ausflug wert, auch die Bewohner und Gäste des Seebads genossen hier gerne die Aussicht und tun es heute noch. Daher hatte der Travemünder Hotelier Wilhelm Beythien im Jahr 1900 die Idee, hier ein Ausflugslokal zu eröffnen. Was anfangs mit einem einfachen Pavillon begann, erfreute sich schnell großer Beliebtheit. So wurde das Café-Restaurant stetig ausgebaut. Sogar eine Treppe vom Strand zum Steilufer hinauf wurde errichtet.

Seither sind viele Jahrzehnte vergangen, in denen das Brodtener Steilufer und auch die Hermannshöhe ihr Gesicht schon einige Male verändert haben. Als aktivstes Kliff der Schleswig-Holsteinischen Ostseeküste tragen Wind und Wasser ständig Gestein von der bis zu 20 Meter hohen Küste ab. Bis zu einem Meter pro Jahr. Die ursprüngliche Treppe gibt es daher schon lange nicht mehr, sie musste mehrfach erneuert werden. Aber auch das Ausflugslokal wurde mit jedem neuen Pächter erweitert und verändert. Zuletzt im Jahr 2012, als das ausgediente und leer stehende Gebäude durch einen modernen Neubau ersetzt wurde, der seither wieder viele Gäste auf die Hermannshöhe zieht.

Adresse Hermannshöhe 1, 23570 Lübeck | **ÖPNV** Bus 40, Haltestelle Brodten | **Öffnungszeiten** Mo–Fr 11–18 Uhr, Sa–So 8–19 Uhr | **Tipp** Nicht direkt zum Steilufer, sondern nach Travemünde fahren und den Küstenwanderweg nach Niendorf gehen. Wer den Rückweg sparen möchte, kann vom Niendorfer Hafen den Bus nach Travemünde nehmen.

104 Der historische Ortskern

Abseits vom Trubel

Der Aufstieg Travemündes begann 1802 mit der Erhebung zum ersten Seebad an der Ostseeküste. Aus dem nachfolgenden Jahrhundert stammen die prächtigen Bauten rund um den Bahnhof, entlang der Kaiserallee und natürlich an der Promenade. Doch die Geschichte des Ortes begann als Fischerdorf, schon einige Jahrhunderte früher. Ablesbar ist dies am historischen Ortskern rund um die St.-Lorenz-Kirche. Das einschiffige Backsteingebäude wurde 1620 fertiggestellt, aber schon seit dem 13. Jahrhundert hat sich an dieser Stelle ein Gotteshaus befunden, das einem Brand zum Opfer fiel.

Im Jahr 1522 kam es zu einem kleinen Brand in einer Brauerei an der Vorderreihe, der durch Funkenflug auf die dort anliegenden Kriegsschiffe überging. Die darauf befindliche Munition explodierte, was zu verheerenden Schäden im gesamten Dorf führte. Zwei weitere große Brände 1534 und 1549 taten ihr Übriges dazu. Daher stammt das vermutlich älteste Haus Travemündes in der Jahrmarktstraße 13 erst aus dem 16. Jahrhundert, wenngleich der Ort schon 1187 gegründet worden war. Doch das tut der Idylle keinen Abbruch. Hier und in der Torstraße sowie in der sich anschließenden Kurgartenstraße, die früher einmal Hinterreihe hieß, befinden sich noch viele denkmalgeschützte Fischer- und Handwerkerhäuschen. Dort, wo sie die Rose kreuzt, lag einst die Stadtgrenze und Befestigung des Ortes.

Mit nur wenigen Schritten kann man durch die schmalen Verbindungsgänge von der ehemaligen Hinterreihe zur Vorderreihe und damit vom Fischerdorf ins Seebad gelangen. Hier mussten die Häuser der Kaufleute, Schiffszimmerer und Segelmacher zugunsten von Neubauten weichen, um den Sommerfrischlern eine schöne Unterkunft an der Flaniermeile zu bieten. Welch Glück, dass die zweite Reihe erst später, als es bereits so etwas wie Denkmalschutz gab, für den Tourismus erschlossen wurde und so viele alte Häuschen erhalten blieben.

Adresse Jahrmarktstraße, 23570 Travemünde | **ÖPNV** Bus 30, 31, 33, 35, Haltestelle Torstraße | **Tipp** In der St.-Lorenz-Kirche hat die Orgelmusik mit vielen Konzerten eine lange Tradition. In der Kantorei singen 90 Sängerinnen und Sänger.

105 La Belle Epoque

Drei-Sterne-Kunst im ehemaligen Casino

Majestätisch thront das Gebäude, das vor gut 100 Jahren als Kurhaus errichtet wurde, am Strand von Travemünde. Es sollte den Gästen des Seebads einen anspruchsvollen Ort der Unterhaltung bieten. 1949 wurde im Kursaal ein Casino eingerichtet, und mit dem beginnenden Wirtschaftswunder boomte der Spielstättenbetrieb, der die internationale Prominenz nach Travemünde lockte. Parallel dazu machte sich der im Haus ansässige Nachtclub »Belle Epoque« einen Namen. Stars wie Josefine Baker oder Vico Torriani traten hier auf.

Mittlerweile ist aus dem Casino das Fünf-Sterne-Superior-Hotel Columbia geworden, und der Name Belle Epoque steht hier für eine Gourmetküche auf höchstem Niveau. 2005 wurde der gerade einmal 27 Jahre alte Kevin Fehling als Chefkoch nach Travemünde berufen. Zuvor war er Küchenchef auf dem Kreuzfahrtschiff Europa und hat beim Drei-Sterne-Koch Harald Wohlfahrt gekocht. Seine gute Schule, sein Ehrgeiz und nicht zuletzt seine Kreativität bewirkten, dass seine Küche den Michelin-Inspektoren recht schnell auffiel und bereits 2006 lobend erwähnt wurde. Zwei Jahre später hatte sich Kevin Fehling den ersten Stern erkocht. 2011 folgte der zweite Stern, und im Guide Michelin des Jahres 2013 ist er endgültig im Olymp der Spitzenköche angekommen – im Alter von 35 Jahren als jüngster Drei-Sterne-Koch Deutschlands.

Kreationen wie »Gillardeau-Auster & Eisbein vom Jungschwein mit Petersilie, Sauerkraut & Meerrettichstaub« lassen die Inspektoren in Lobeshymnen für den ganz eigenen Kochstil Fehlings verfallen. Sein Anspruch ist es, dass seine Menüs Geschichten erzählen, dass sie ein intensives Geschmackserlebnis bieten, aber dass sie nicht zu abgehoben sind. Auch ein noch nicht sterneerprobter Gaumen soll an ihnen seine Freude haben. Wer sich erst einmal an die Spitzenküche herantasten möchte, kann ein Vier-Gang-Menü ab 130 Euro bestellen.

Adresse Kaiserallee 2, 23570 Lübeck, www.columbia-travemuende.de | ÖPNV Bus 30, 31, 33, 35, 40, Haltestelle Strandbahnhof oder Zug bis Travemünde-Strand | Öffnungszeiten Mi–So ab 18.30 Uhr | Tipp In Sichtweite liegt das ehemalige Kurhaus, in dem sich heute das Arosa Wellness-Resort befindet. Auch hier kann man Sterneküche im hauseigenen Restaurant »Buddenbrooks« genießen.

106 Der Möwenstein

Die Zeit wird knapp

Was macht man, wenn ein Naturdenkmal im Meer zu versinken droht? Man startet eine Rettungsaktion. So geschieht es derzeit zumindest mit dem Möwenstein, um dessen Zukunft sich der Travemünder Heimatverein sorgt. Denn von dem vermutlich 50 Tonnen schweren Koloss aus Granit ist nur noch so wenig zu sehen, dass man schon genau hinschauen muss, um ihn unter den anderen Findlingen auszumachen, die einen Damm zwischen Grünstrand und Brodtener Steilufer bilden.

Dass dies früher ganz anders war, beweist ein berühmtes Travemünder Postkartenmotiv aus dem Jahr 1901: Drei Jungen posieren auf dem Findling, der fast doppelt so hoch ist wie sie selbst. Die Aufnahme zeigt deutlich, warum der Möwenstein – manchmal wird auch die Schreibweise Mövenstein verwendet – seinerzeit solche Bekanntheit erlangte, dass nach ihm nicht nur die ehemalige Badeanstalt am Grünstrand benannt wurde. In deren Gebäude zog später eine Segelschule ein, die ebenfalls den Namen des Steins trägt. Auch in der Literatur wurde er bereits verewigt. In Thomas Manns »Buddenbrooks« findet er Erwähnung, und Emanuel Geibel widmete ihm mit »Nixen vom Mövenstein« sogar ein ganzes Gedicht.

Seinen Namen hat der Möwenstein übrigens nicht davon, dass gleichnamige Vögel gerne auf ihm Rast hielten, sondern durch eine Sage erhalten. Ein Riese namens Möves soll ihn vor Travemünde ins Meer geworfen haben. In Wirklichkeit ging es nicht ganz so schnell. Da dauerte es viele Jahre, bis der Findling als Teil einer Gletscher-Geschiebemasse während der letzten Eiszeit von Bornholm bis an seinen heutigen Standort transportiert wurde. Doch da der sandige Untergrund seinem Gewicht nicht dauerhaft standhalten konnte, wird er in naher Zukunft noch einmal umziehen müssen. Wenn genügend Spendengelder für seine Bergung per Kran eingegangen sind, soll er nach den Wünschen des Heimatvereins gehoben und an den Grünstrand verlagert werden.

Adresse Kaiserallee 40–42, 23570 Travemünde | **ÖPNV** Bus 35, Haltestelle Hagelsteinstraße | **Tipp** Nahe des Möwensteins befindet sich der Grünstrand. Auf dieser »Liegewiese« kann man sein Badevergnügen ohne Sand in den Schuhen genießen und muss nicht einmal Kurtaxe bezahlen.

107 Die Nordermole

Zum Greifen nah

Als am 28. März 1962 der Skandinavienkai in Travemünde seinen Betrieb aufnahm, konnte wohl niemand ahnen, dass dies der Startschuss für eine Entwicklung der Superlative war. Rund 50 Jahre später ist der Skandinavienkai nämlich nicht nur der bedeutendste Hafen der südlichen Ostsee mit einigen der größten Fährschiffen der Welt, sondern gleichzeitig auch der führende Umschlagplatz in Deutschland für sogenannte rollende Ladung, also Lkw und Pkw, nach Schweden, Finnland sowie ins Baltikum und nach Russland.

Es war die deutsche Reederei TT-Linie, die 1962 mit dem Neubau »M/S Nils Holgersson« die erste regelmäßige Fährverbindung zwischen Travemünde und dem schwedischen Trelleborg aufnahm und den Boom des Reisens per Schiff mit dem eigenen Pkw einläutete.

Die Travemünder Nordermole mit ihrer markanten Leuchtbake existierte zu jener Zeit in ihrer heutigen Form und Größe noch gar nicht. Erst zwei Jahre später wurde die Verlängerung der Mole endgültig fertiggestellt. Seitdem verfügt das Seebad über einen einzigartigen Ort entlang der Ostseeküste. Nirgends ist man den ein- und auslaufenden Schiffen so nah wie am Molenkopf im Schatten der mittlerweile grün-weißen Leuchtbake. Den Blick nach rechts gerichtet, zeigt sich die traumhafte Hafeneinfahrt Travemündes entlang der Viermastbark »Passat« und der Vorderreihe. Links die Ostsee, das offene Meer, an dessen Horizont sich an manchen Tagen beinahe stündlich die Silhouetten der großen Fährschiffe abzeichnen. Wenn sich die zum Teil über zweihundert Meter langen Fähren sanftmütig durch das Wasser schieben und das Stampfen und Wummern der Motoren immer näher kommt, lässt einen dieser Anblick einfach nicht mehr los. Man denkt förmlich, sie berühren zu können, so nahe sind sie, wenn sie die Nordermole passieren. In diesen Momenten versteht man, warum das Meer und die Schifffahrt Klein und Groß gleichermaßen faszinieren.

Adresse Promenade, 23570 Travemünde | **ÖPNV** Bus 30, 31, 33, 35, Haltestelle Trelleborgallee | **Tipp** Wer Genaueres über die passierenden Schiffe erfahren möchte, kann auf einer digitalen Infotafel direkt neben der Lotsenstation jede Menge Wissenswertes nachlesen.

108 Die Ostseestation

Wo versteckt sich die Flunder?

Einen Seestern auf der Hand halten, eine Scholle füttern oder den Kopf in einen Haifischkiefer stecken? Das alles kann man auf dem Travemünder Priwall. Seit 2007 gibt es dort die Ostseestation, in der man das heimische Meer hautnah erleben kann. Egal wann man das Museum betritt, es dauert niemals sehr lang, bis die nächste Führung beginnt. Dann erfährt man in einer Stunde Spannendes über die Tier- und Pflanzenwelt der Ostsee, kann Plankton unter dem Mikroskop beobachten oder bei der Fütterung der gefräßigen Plattfische mithelfen. In dem privat geführten Museum werden die Besucher von Meeresbiologen durch die Ausstellung geführt. Dabei darf und soll der Wissenschaftler mit Fragen gelöchert werden. Denn nichts ist langweiliger als eine Ausstellung, in der man viele Dinge sehen, aber nicht ergründen kann.

In der Ostseestation kann jeder noch etwas lernen. Daher kommen auch viele Schulklassen zu Projekttagen hierher, es werden Kindergeburtstage oder Betriebsfeiern veranstaltet, und selbst die Kleinsten aus den Kindergärten der Umgebung unternehmen ihre ersten Ausflüge auf den Priwall und haben anschließend sehr viel zu Hause zu erzählen.

Außerhalb der Station gibt es auch Lernangebote »am lebenden Objekt«, wie zum Beispiel Kescherkurse oder Strandwanderungen. Dabei wird allerhand Getier aus dem Wasser gefischt, in Behältnissen beobachtet, besprochen und anschließend wieder ins Meer entlassen. Oder es werden anhand von angespültem Standgut – natürlichem wie unnatürlichem – wissenswerte und spannende Informationen über die Ostsee vermittelt.

Die Ostseestation beweist, dass es keiner atemberaubenden Architektur und exotischen Tiere bedarf, um einen spannenden Ausflug zu machen. Schlichte Aquarien mit einheimischen Fischen, ergänzt durch ganz viel Information, Anfassen und Mitmachen. reichen aus, um kleine wie große Besucher gut zu unterhalten.

Adresse Am Priwallhafen 10, 23570 Travemünde, www.ostseestation-priwall.de | ÖPNV Bus 38, Haltestelle Passathafen | Öffnungszeiten Nov.–März Do–So 10–16 Uhr, April–Okt. Di–So 10–17 Uhr | Tipp Im Priwallhafen hat auch die »Passat«, das Wahrzeichen Travemündes, ihren Liegeplatz. Sie ist im Sommerhalbjahr täglich für Besichtigungen geöffnet.

109_Das Pegelhäuschen

Unscheinbar und doch so wichtig

Direkt an der Uferpromenade der Vorderreihe steht ein Backsteinhäuschen mit blau-weißen Markisen, das die Aufschrift »Pegelhäuschen« trägt. Doch schon von außen lenken die handbeschriebenen Speisekarten die Aufmerksamkeit schnell auf die leckeren Fischgerichte und weg von der Namensgebung des Imbisses. Dabei offenbart Letztere, wofür das Häuschen ursprünglich errichtet wurde: zur Wasserstandsmessung in der Trave. Und so findet man inmitten der Imbissküche einen grauen säulenartigen Kasten. Hinter dessen Glastür wird auf einer Papierrolle kontinuierlich der aktuelle Pegelstand aufgezeichnet.

Hinter einer weiteren kleinen Schiebetür, die jedoch nur von Fachleuten geöffnet werden kann, verbirgt sich ein gemauerter Schacht, in den das Flusswasser eindringen kann und darin exakt dieselbe Höhe erreicht wie außerhalb. Ein Schwimmer mit Messfühler überträgt die Wasserstandsdaten digital und in Echtzeit ans Wasser- und Schifffahrtsamt.

Der im Pegelhäuschen sichtbare analoge Pegel-Schreiber ist nur zur zusätzlichen Sicherheit eingerichtet. Denn für die Schifffahrt ist es unerlässlich, stets den aktuellen Wasserstand zu kennen. Schließlich vertragen sich Niedrigwasser und zu hohe Schiffsbeladung nicht besonders gut. Der Pegelstand wird in Travemünde bereits seit 1826 regelmäßig erfasst. Das Seebad besaß damit eine der ersten Wasserstandsmessstationen in Deutschland – an der Ostsee ist sie sogar die älteste.

1910 wurde das heutige Pegelhäuschen errichtet, das im Laufe der Zeit leider sein gewölbtes Kupferdach einbüßen musste, das ihm einst einen Jugendstil-Charme verlieh. Dafür ist aber 2012 wasserseitig ein sogenannter Mirador, zu Deutsch Aussichtspunkt, eröffnet worden. Auf der Holzterrasse sitzt man direkt an, ja fast schon über der Trave und genießt nicht nur frisch belegte Fischbrötchen, sondern einen exklusiven Blick auf die vorbeifahrenden Schiffe.

Adresse Vorderreihe 53a, 23570 Travemünde, www.pegelhaeuschen-travemuende.de | **ÖPNV** Bus 30, 31, 33, 35, Haltestelle Kurgartenstraße | **Öffnungszeiten** Mo–So ab 10 Uhr, im Winter etwas später | **Tipp** Ein Stück flussabwärts startet die »MS Marittima« mehrmals täglich zu einem einstündigen Hafen- und Ostseetörn. Auch heute noch gibt es auf den sogenannten Butterfahrten ein kleines Angebot für den zollfreien Einkauf.

110 Das Restaurant »Über den Wolken«

115 Meter über NN

Im beschaulichen Seebad Travemünde stellt das Maritim Hotel eine ganz besondere Landmarke dar. 119 Meter hoch und 35 Stockwerke umfassend, war es bei seiner Fertigstellung 1974 zwei Jahre lang das höchste Hotelgebäude Deutschlands. Und auch heute noch liegt das Maritim auf Platz 39 der höchsten Bauten in der Republik. Das Gebäude ist jedoch kein reiner Hotelbetrieb. Lediglich die Etagen vier bis 13 werden dafür genutzt. Auf den anderen Stockwerken befinden sich Eigentumswohnungen, die teilweise auch an Feriengäste vermietet werden.

Grund für den gigantischen Bau am Ostseestrand war seinerzeit der, dass Travemünde ein neues Leuchtfeuer benötigte. Der alte Leuchtturm – der älteste Deutschlands – wurde außer Dienst gestellt. Mit dem Maritim bekam Travemünde dann auch gleich das höchste Leuchtfeuer Europas. Von 115 Metern Höhe aus hat es eine Reichweite von bis zu 19 Seemeilen.

Ganz so weit reicht die Sicht aus dem Restaurant und Café »Über den Wolken« zwar nicht, aber immerhin befindet man sich genauso viele Meter über dem Meeresspiegel. Ein separater Aufzug, der auch für Nicht-Hotelgäste von außen zugänglich ist, befördert die Besucher in den 35. Stock. Dort erwartet sie eine atemberaubende Aussicht über weite Teile der Lübecker Bucht. Für diesen Blick – und natürlich auch für ein Kaffeegedeck mit Kuchen – stehen bei gutem Wetter manche Besucher schon vor der ersten Auffahrt des Aufzugs um 15 Uhr in der Warteschlange.

Beliebt ist auch das Hummer-Schlemmerbuffet, das jeden Samstagabend mit wechselnden Hummer-Variationen und anderen Fischgerichten aufwartet. Dabei kann man je nach Jahreszeit einen ganz besonderen Sonnenuntergang oder auch die beleuchtete Küste bei Dunkelheit erleben.

Adresse Trelleborgallee 2, 23570 Travemünde, www.maritim.de | ÖPNV Bus 30, 31, 33, 35, Haltestelle Trelleborgallee | Öffnungszeiten Café: Mo–So 15–17.30 Uhr, Spezialbuffets siehe Internetseite | Tipp Wer nicht ganz so hoch hinauswill und lieber Cocktails auf Meeresspiegelniveau schlürft, ist in der Ostsee Lounge am Strand vor dem Maritim an der richtigen Adresse.

111_Das Seebadmuseum

Von Ganzkörperbadeanzügen und Glücksuchenden

Wie sah es damals eigentlich aus? Als 1802 Travemünde zum Seebad erhoben wurde, die Sommerfrischler anreisten und sich von Badekarren aus in die Ostsee wagten? Die Antwort darauf gibt das Seebadmuseum Travemünde. Und zwar nicht mit angestaubten Infotafeln, sondern multimedial. Sehen, hören und anfassen – es ist ein kleines Museum, das man mit allen Sinnen erleben soll. 2007 konnte das Seebadmuseum unter der Schirmherrschaft und mit viel ehrenamtlichem Engagement des Heimatvereins Travemünde eröffnet werden. Die moderne Ausstellungsgestaltung wurde durch zahlreiche Spenden und die Unterstützung namhafter Lübecker Stiftungen ermöglicht.

In der ehemaligen Gaststätte des restaurierten Gesellschaftshauses erfährt man auf 185 Quadratmetern, wie seinerzeit der Badebetrieb aufgenommen wurde, wie die Badekarren aussahen und in welche Ganzkörperanzüge sich die Badenden schmissen. Auch die Entwicklung des Glücksspiels, das im Seebad eine beliebte Freizeitbeschäftigung war, wird dargestellt. Genauso wie die Geschichte der Fischer, die Travemünde von Beginn an prägten. Und auch dann nicht ganz aus dem Blickfeld verschwanden, als sich das Seebad immer größerer Beliebtheit erfreute.

In der heimatkundlichen Ausstellung wird auch der Priwall nicht vergessen, auf dem es einen Flugplatz für Wasserflugzeuge gab, der in den 20er Jahren der bedeutendste seiner Art in Deutschland war. Die Stadtentwicklung Travemündes wird anschaulich durch große Puzzles präsentiert. Sie zeigen seinen Ortsplan in den Jahren 1829, 1913, 1930, 1960 und 2007. Während das erste Puzzle aus gerade einmal zwei Teilen besteht, ist Travemünde nach 178 Jahren schon auf 14 Teile angewachsen. Angebote wie dieses machen das Seebadmuseum auch für Kinder spannend. Schubladen aufziehen, Videos abspielen oder auf Knopfdruck einen Zug von Travemünde nach Lübeck fahren lassen – das macht Spaß und bleibt in Erinnerung.

Adresse Torstraße 1, 23570 Travemünde, www.heimatverein-travemuende.de | **ÖPNV** Bus 30, 31, 33, 35, Haltestelle Torstraße | **Öffnungszeiten** März–Dez. Di–So 11–17 Uhr, Juni–Aug. Mo–So 11–18 Uhr | **Tipp** Die Alte Vogtei (Vorderreihe 7) ist eines der ältesten Gebäude Travemündes und beeindruckt mit seinen historischen Deckenmalereien.

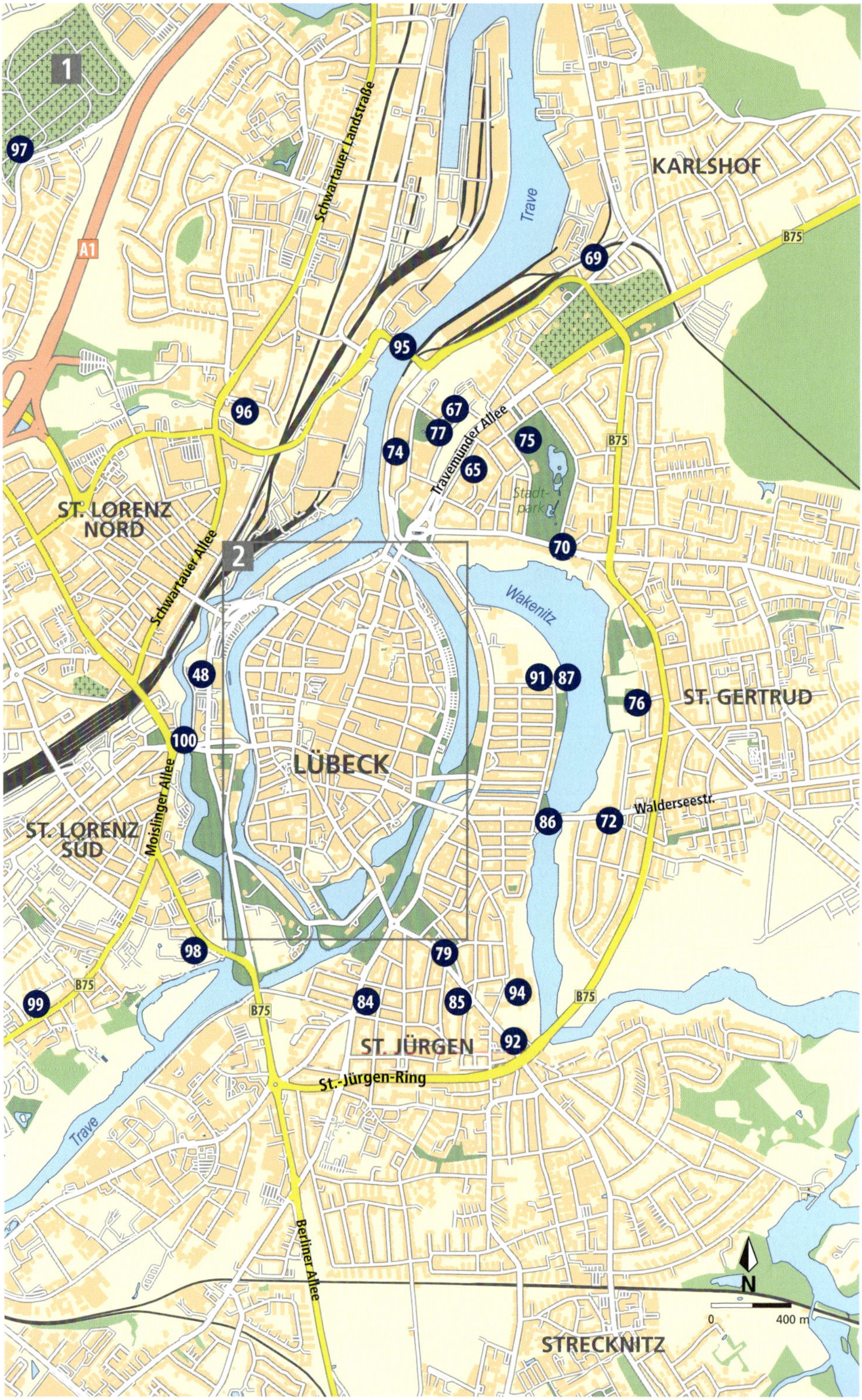
1
97
A1
Schwartauer Landstraße
Trave
KARLSHOF
B75
69
95
96
67
77
74
65
Travemünder Allee
75
Stadt-
park
B75
ST. LORENZ
NORD
70
2
Schwartauer Allee
Wakenitz
48
91
87
76
ST. GERTRUD
100
LÜBECK
ST. LORENZ
SÜD
Moislinger Allee
86
72
Walderseestr.
98
79
B75
99
84
85
94
B75
B75
92
ST. JÜRGEN
St.-Jürgen-Ring
Trave
Berliner Allee
N
0
400 m
STRECKNITZ

2
Wallhafen
Trave
An der Untertrave
Drehbrücke
Große Burgstraße
Klughafen
Kanalstraße
Breite Straße
Beckergrube
An der Untertrave
Schüsselbuden
Breite Straße
Königstraße
LÜBECK
Holsten-
tor
Holstenstraße
Wahmstraße
Hüxterdamm
Krähenstraße
Kanalstraße
Trave
Mühlenstraße
Krähenteich
Mühlenteich
Mühlendamm
Wallstraße
Wallstraße
Mühlenbrücke
N
0
200 m
33
55
13
29
40
36
11
34
50
52
23
5
8
51
45
49
21
39
7
41
3
10
25
12
4
27
9
20
6
16
17
19
53
38
15
44
28
32
30
37
89
35
43
14
24
22
26
54
18
46
31
42
47

3
106
102
105
107
110
TRAVEMÜNDE
Moorredder
B75
Gneversdorfer Weg
Kaiserallee
Außenallee
Vogteistraße
Vorderreihe
109
Trave
108
111
104
Auf dem Baggersand
101
N
0
200 m

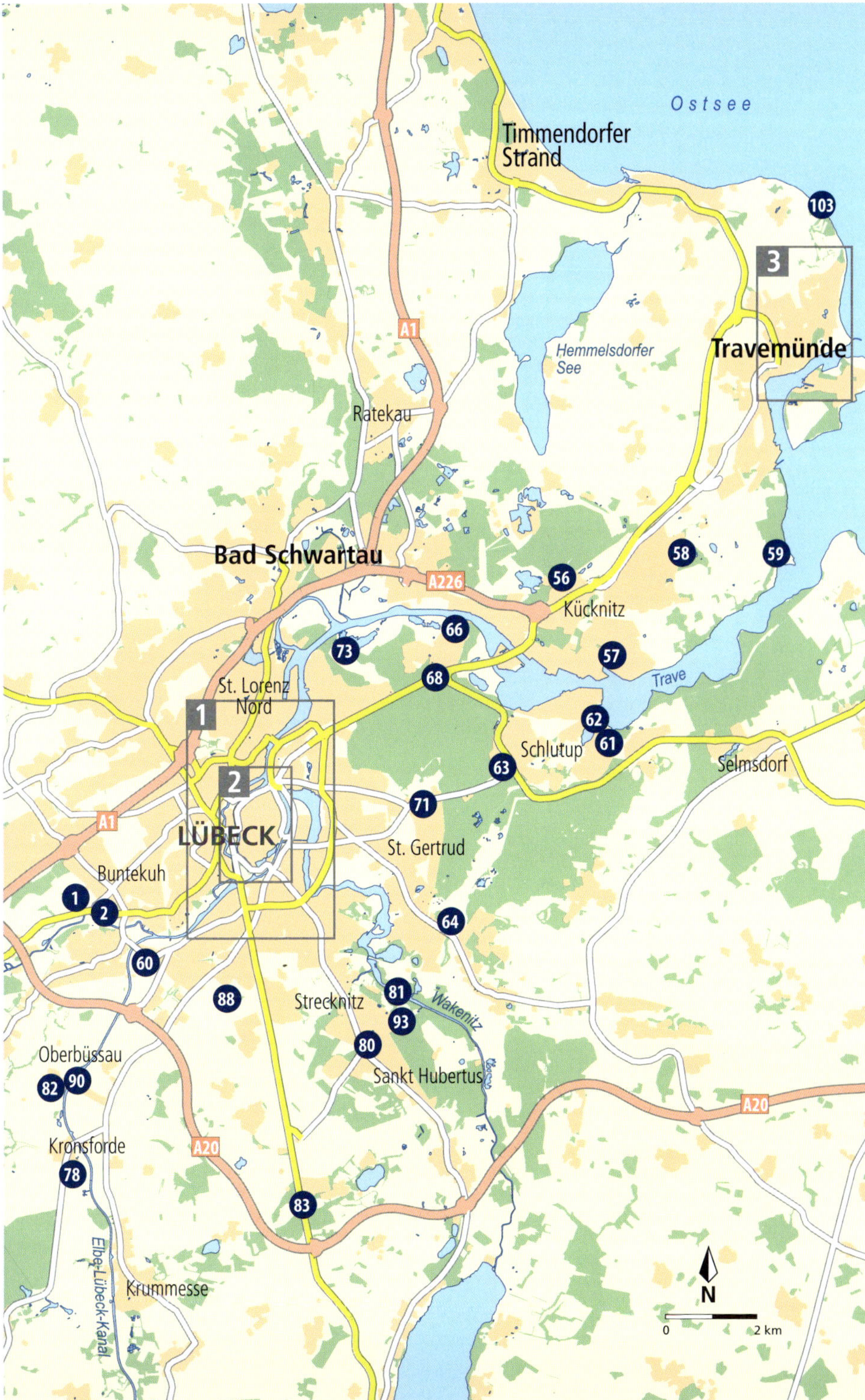
Ostsee
Timmendorfer Strand
103
3
Travemünde
Hemmelsdorfer See
A1
Ratekau
Bad Schwartau
A226
56
58
59
Kücknitz
66
73
57
68
Trave
St. Lorenz Nord
1
62
61
Schlutup
63
Selmsdorf
2
71
LÜBECK
St. Gertrud
A1
Buntekuh
1
2
64
60
88
81
93
Strecknitz
Wakenitz
80
Sankt Hubertus
Oberbüssau
82
90
A20
A20
Kronsforde
78
83
Elbe-Lübeck-Kanal
Krummesse
N
0
2 km

Rüdiger Liedtke
111 Orte auf Mallorca, die man gesehen haben muss
ISBN 978-3-89705-975-7

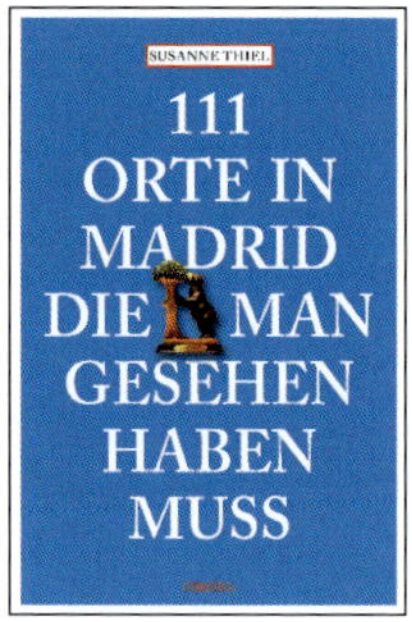

Susanne Thiel
111 Orte in Madrid, die man gesehen haben muss
ISBN 978-3-95451-118-1

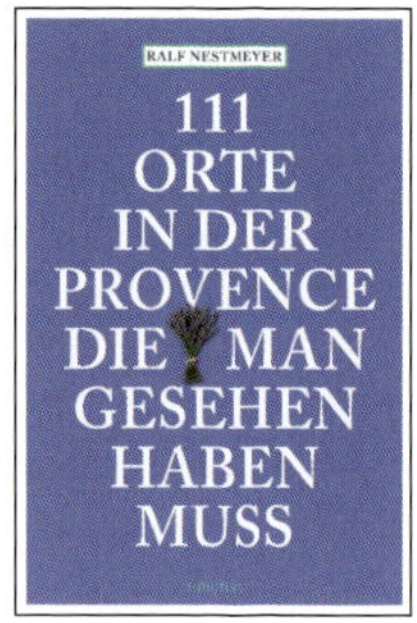

Ralf Nestmeyer
111 Orte in der Provence, die man gesehen haben muss
ISBN 978-3-95451-094-8

Peter Eickhoff
111 Orte in Wien, die man gesehen haben muss
ISBN 978-3-89705-969-6

Stefan Spath
111 Orte in Salzburg, die man gesehen haben muss
ISBN 978-3-95451-114-3

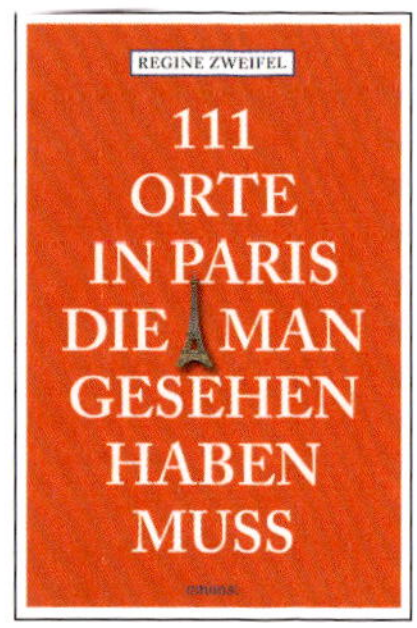

Regine Zweifel
111 Orte in Paris, die man gesehen haben muss
ISBN 978-3-89705-823-1

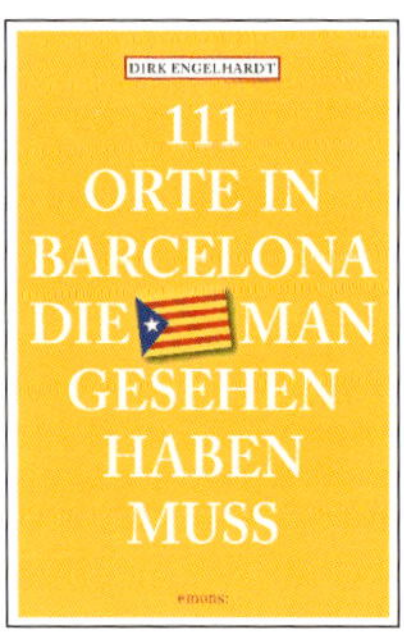

Dirk Engelhardt
111 in Barcelona, die man gesehen haben muss
ISBN 978-3-95451-066-5

John Sykes
111 Orte in London, die man gesehen haben muss
ISBN 978-3-95451-117-4

Annett Klingner
111 Orte in Rom, die man gesehen haben muss
ISBN 978-3-95451-219-5

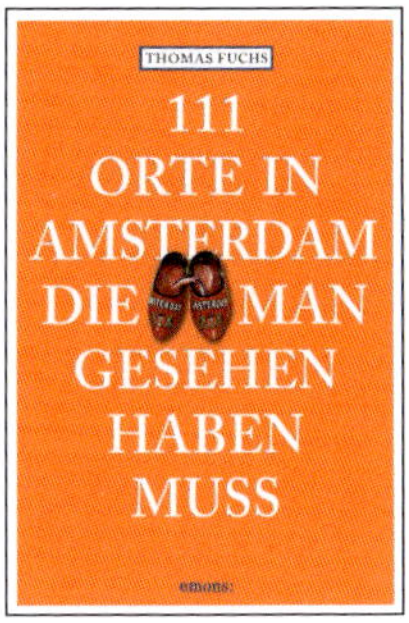

Thomas Fuchs
111 Orte in Amsterdam, die man gesehen haben muss
ISBN 978-3-95451-209-6

Stefan Spath, Gerald Polzer
111 Orte im Salzkammergut, die man gesehen haben muss
ISBN 978-3-95451-231-7

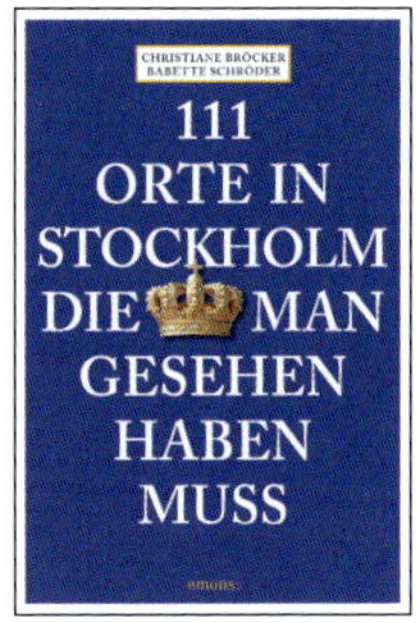

Christiane Bröcker, Babette Schröder
111 Orte in Stockholm, die man gesehen haben muss
ISBN 978-3-95451-203-4

Sabine Gruber, Peter Eickhoff
111 Orte in Südtirol, die man gesehen haben muss
ISBN 978-3-95451-318-5

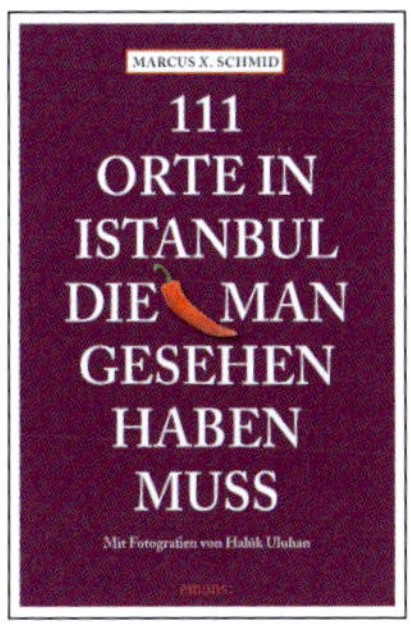

Marcus X. Schmid
111 Orte in Istanbul, die man gesehen haben muss
ISBN 978-3-95451-333-8

Gerd Wolfgang Sievers
111 Orte in Venedig, die man gesehen haben muss
ISBN 978-3-95451-352-9

Rüdiger Liedtke, Laszlo Trankovits
111 Orte in Kapstadt, die man gesehen haben muss
ISBN 978-3-95451-456-4

Eckhard Heck
111 Orte in Maastricht, die man gesehen haben muss
ISBN 978-3-95451-368-0

Petra Sophia Zimmermann
111 Orte am Gardasee und in Verona, die man gesehen haben muss
ISBN 978-3-95451-344-4

Lucia Jay von Seldeneck, Carolin Huder, Verena Eidel
111 Orte in Berlin, die man gesehen haben muss
ISBN 978-3-89705-853-8

Bernd Imgrund
111 Kölner Orte, die man gesehen haben muss
Band 1
ISBN 978-3-89705-618-3

Lucia Jay von Seldeneck, Carolin Huder, Verena Eidel
111 Orte in Berlin, die Geschichte erzählen
ISBN 978-3-95451-039-9

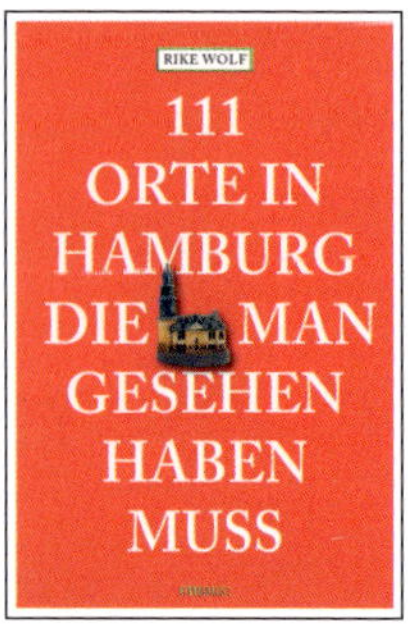

Rike Wolf
111 Orte in Hamburg, die man gesehen haben muss
ISBN 978-3-89705-916-0

Gabriele Kalmbach
111 Orte in Stuttgart, die man gesehen haben muss
ISBN 978-3-95451-004-7

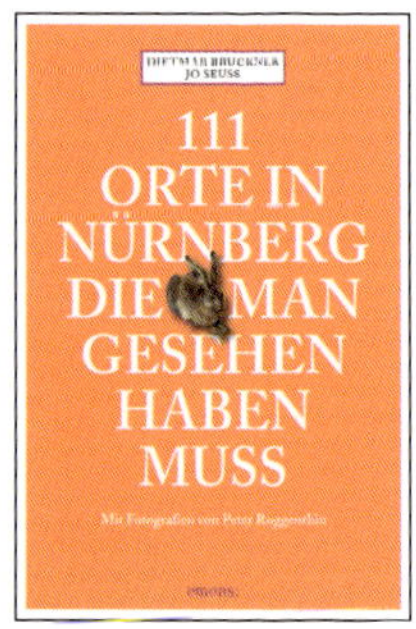

Dietmar Bruckner, Jo Seuß
111 Orte in Nürnberg, die man gesehen haben muss
ISBN 978-3-95451-042-9

Rüdiger Liedtke
111 Orte in München, die man gesehen haben muss
ISBN 978-3-89705-892-7

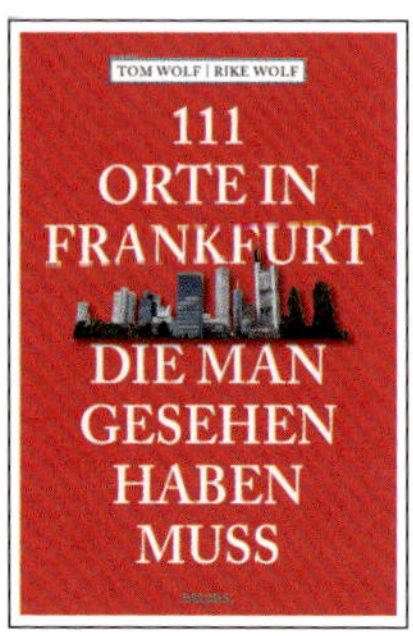

Rike Wolf, Tom Wolf
111 Orte in Frankfurt, die man gesehen haben muss
ISBN 978-3-95451-342-0

Peter Eickhoff
111 Düsseldorfer Orte, die man gesehen haben muss
ISBN 978-3-89705-699-2